知的障害者雇用を成功させる8つのポイント

ウイークポイントを配慮した職場立ち上げから定着管理まで

常盤 正臣 著

はじめに

　企業が、初めて障害者雇用に着手する時、そこに至るまでにほとんどの企業が同じような経緯をたどると思います。

　企業は営利の追求が最大の使命。非営利的なマイナス要素は全て排除し、事業を展開していきます。障害者雇用は必ずしも営利につながるわけではありませんし、実際に雇用を進めるにあたっては少なからず困難が伴うものです。そして、

> 1、仕事がない
> 2、障害者がわからない
> 3、担当できる人がいない
> 4、一般従業員との共存のあり方がわからない
> 5、生産性が上がらない
> 6、雇われている現場を見たことがない

　このような「ないないづくし」がよく聞かれます。貴社はいかがでしょうか。

　どんなに前向きに障害者雇用に取り組まれていても、その担当者が上記のように戸惑うのは当然のことだと思います。実際に私もそうでした。障害者雇用に携わるようになって25年以上が経過しますが、常に悩み、戸惑うことの連続でした。

私が、障害者の職場開設に着手したのは1992年、まだ企業での障害者雇用が全く進んでいない時でした。その頃から、2016年に施行された障害者の特性を配慮する「合理的配慮」を行って運営してきました。

　当初から、障害者の特性を知り配慮と理解をすることが、職場設立と運営の基本理念と考え、仕事では、共通のウイークポイントを踏まえた仕事作りを、職場運営では、「規律・仕事は厳しく、職場は楽しく」をモットーにした社会生活・職場生活指導を重要視した職場作りを行ってきました。

　本書には、私が歩んできた体験から、障害者が職場の中で引き起こすいくつものエピソードを交えた実践の記録と、その中から得た障害者雇用を成功させるためのノウハウをお伝えいたします。

　これから障害者雇用を進めようとしている人、もちろん既に取り組んでいる人にとっても、役に立つメッセージとなるように意識して記しました。さらには就労支援に携わる人々や、特別支援学校の先生、障害者本人やその家族の方に読んで頂けたら、なお幸いです。

2017年11月　常盤　正臣

知的障害者雇用を成功させる8つのポイント・目次

はじめに …………………………………………………………………… 3

第1部

実例編 ― 知的障害者雇用の現場から ……………………… 7

プロローグ　障害者雇用のメリット ………………………………… 8

1章　4つの立場から ……………………………………………… 13

（1）株式会社マルイキットセンター設立
（2）障害者の働く場を運営
（3）訓練システムの構築・人材育成
（4）障害者雇用の開拓・職場設立支援

2章　試行錯誤の体験談 ― 障害者から学ぶこと ― …………… 41

プロローグ　私の師匠〜池田孝利さん〜
（1）採　用
（2）仕　事
（3）事前対策
（4）職場定着
（5）対　応
（6）指　示
（7）コミュニケーション
（8）能　力
（9）恋　愛
（10）お　金
（11）人的環境

第2部

ノウハウ編 ― 知的障害者雇用成功のポイント ……………… 69

3章　知的障害者の行動特徴と配慮したシステム作り ……… 70

　　　1　生活習慣と社会生活上の課題
　　　2　職場における業務遂行上の課題
　　　3　優れている良い面
　　　4　間違いにくいシステムと作業の流れ
　　　　　－ ウイークポイントとグッドポイントから －

4章　知的障害者雇用を成功させる8つのポイント ……………… 105

　　　ポイント1　障害の特性を配慮する
　　　ポイント2　職場運営責任者と現場担当者の人選
　　　ポイント3　障害者の仕事・職場を作る
　　　ポイント4　意欲向上を図る職場作り
　　　ポイント5　社員教育
　　　ポイント6　職場"定着管理"
　　　ポイント7　会社全体の理解と協力を得る
　　　ポイント8　社員とのコミュニケーション

終章　企業間移行への提案と人脈作り ……………………………… 157

　　　1　企業間移行への提案
　　　2　障害者就労を成功させる人脈作り

あとがき ……………………………………………………………………… 172

第1部

実例編

知的障害者雇用の現場から

　第1部は、障害者雇用の現場を知ってもらうために、私が20数年間にわたり携わってきたいくつもの職場の中からその事例をあげてみたいと思います。
　私が障害者雇用に関わった当時は、知的障害者の雇用環境はまだまだ進んでおらず、就労支援体制やジョブコーチ制度など全くなく、企業として、どんな出来事に対しても自己対応せざるを得ませんでした。その結果、おかげでたくさんのことを学ぶことができました。そこから得た教訓は、職場運営は当然のこと、障害者指導や企業の雇用ノウハウに、そして障害者教育に携わる方や障害者の保護者たちに伝えていく大切な対応策になりました。
　プロローグでは、障害者雇用のプラス面を、1章では、私の体験を4つの立場から、2章では、現場での障害者たちのエピソードをお伝えします。

プロローグ

障害者雇用のメリット

　私は、25年以上にわたる実践の中でたくさんの失敗をしてきました。企業で障害のある人を雇用し、戦力として活躍してもらいつつ、長期間にわたり働き続けてもらう。これは、容易なことではありません。試行錯誤する中で大きな失敗や苦い経験をすることは、当然のことと言えます。企業として配慮できることの限界もあります。

　では、企業にとって障害者を雇用するということは失敗や我慢といったネガティブな側面だけなのでしょうか。いいえ、違います。障害者を雇用することによって、それまで想定し得なかった企業としてのメリットを得ることもできるのです。

● **障害者が職場の雰囲気を変えた**

　A社は、他社に先駆け障害者雇用の重要性を重んじ雇用計画を打ち立てました。当時身体障害者の採用は難しく、知的障害者のテスト採用をすることとなりました。初めての雇用ゆえに、その障害特性についての理解や対応の仕方、指導方法など、全くわからず、試行錯誤の2、3カ月が経過しました。

　そんなある時、人事担当の役員が社員の変化に気が付きました。それは今までになく、社員間の相互あいさつが自然に、滑らかに行

われている姿でした。その現象に大変喜んだ役員は、原因が何であるかに興味を持ち調べました。すると、その要因は3カ月前に雇用した知的障害者の社員の行動にあるということが判明したそうです。その役員は雇用した障害者が良い影響を与えてくれていることに喜びを感じ、強い関心を持ったそうです。

その社員は入社以来、出会う社員一人ひとりに分け隔てなく一生懸命あいさつをし続けていたそうです。一途にあいさつをし続ける彼の健気な姿に、他の社員たちが心を動かされ、「私たちもあいさつをしなければ」と連鎖が広がっていったそうです。

以来、A社では知的障害者の雇用が本格的に進み、大勢の人たちが今も元気に働いています。その彼は、入社以来16年勤続できています。

また、私が有料老人ホームで障害者の定着支援に携わっていた時の話です。国枝(仮名)さんという体格の良い元気な自閉症の若者が働いていました。少々いかつい感じがあり、採用前に出会った時は老人ホームでは無理かなと思われる青年でした。ところが、実習してもらったところ、ホーム長をはじめ、みなさんの受けが大変良く、結果的に働いてもらうことになりました。

正式に雇用し数カ月が経つと、彼が働く職場に変化が現れるようになりました。それは国枝さんのあいさつや態度が良い影響を与えて、職員の勤務態度、特にあいさつが活発に交わされるようになり、ホームが明るくなったのです。

ここでもまた、国枝さんが一生懸命仕事に励み、真面目に元気良く働いたことが模範となったと考えられます。

● 障害者の秘めた能力

　知的障害者の藤木琴(仮名)さんは、地元の特別支援学校を卒業し、ある支援機関の紹介でホームに入社して8年目になります。仕事は居室の水周り清掃で、毎日毎日仕事に精を出し一生懸命働いています。仕事への集中力がありその精度は高く、スタッフはもちろん、ホームの利用者たちからも大変評判が良い人です。

　しかし、本人には一つだけ直さなければならない欠点がありました。ことば遣いです。敬語は使えず、職員に対してだけでなく、大切なお客様であるホームの利用者に対しても、平気で友達口調で話をしてしまうのです。何度も何度も注意、指導をするのですが、改めることができないでいました。

　ある日私に、ホームに入所しているおばあさんの娘さんが会いたいというので、お会いしました。もしや藤木さんの乱暴で馴れ馴れしい口の聞き方に対する苦情では……と身構えながら話を伺いました。すると驚いたことに、娘さんから出たことばは苦情ではなく、「藤木さんは私の母親の命の恩人です。どうぞ琴さんを褒めてあげてください」と感謝の気持ちを表されたのです。

　その83歳のおばあさんは、病気で入院し4週間ほどで回復しホームに戻ってきたのですが、入院時の癖が抜けきれずパジャマのままベッドから離れず、寝たきり生活で食事もとらず、生きようとする意欲さえ失いかけていたそうです。ところが、「おばあさんの生活改善を誰もできなかったのに、藤木さんが実現してくれた」と娘さんは言うのです。

どうやって実現したのか。それは例の友達口調でした。藤木さんはおばあさんの居室の掃除に行った際、飾り気ない友達口調でおばあさんに話しかけていたそうです。「〇〇さん、寝てばっかりいないで、起きて！」、「着替えをしないとだめだよ！」、「ごはん食べなきゃ、元気になれないよ！」などなど。娘さんによると、頑固で自分を曲げないおばあさんが、「藤木さんに言われたんじゃ、やらなきゃね」とやっと動き出したそうです。

私は大勢の知的障害者と関わり、色々な特性のある人たちを見てきましたが、100人100色、一人ひとりそれぞれに違った魅力があり、中には秘めた能力を持っている人もいるということを知るエピソードでした。

● 障害者（雇用）の魅力

人は、愛されること褒められること、そして、人に頼りにされ人の役に立つことを大きな喜びとします。また、人としてこの世に生を受け、「働く」ことができることは誰もが望むことであり、最高の喜びではないでしょうか。障害者で、働く気持ちのない人や、働く意欲があっても働く場がない人に創意工夫をして仕事を作り、働く場を与え、**働く喜びを味わってもらうことこそ、障害者雇用の大きな魅力**です。また、彼らの真面目で素直で、正直で、駆け引きのできない、そんな個性がたまらない魅力です。

私と私の恩師西村晋二先生には、2人の"合い言葉"がありました。それは、"私たちは彼らの麻薬患者だね"……と。そんな彼らから、今年も20通を超えるうれしい年賀状が届きました。

1章

4つの立場から

1章では、私がこの25年で障害者雇用に関わった、4つの立場からの体験をお話しします。

- 企業人として障害者を「受け入れる立場」
- 教育・訓練する側として「送り出す立場」
- 企業と結び付き訓練しつつ「就労に結び付ける立場」
- 雇用されている障害者に対し「定着支援をする立場」

（1）株式会社マルイキットセンター設立
（2）障害者の働く場を運営
（3）訓練システムの構築・人材育成
（4）障害者雇用の開拓・職場設立支援

（1）株式会社マルイキットセンター設立

　私は、1992年（株）丸井において、知的障害者と身体障害者が共に働く職場である「戸田キットデリバリーセンター」（現（株）マルイキットセンター。以下、マルイキットセンターと記す）の設立と運営に携わり、初代所長として、定年を迎えるまでの残り6年間を勤務する心意気で着任しました。辞令を受けた時、障害者雇用については全くの素人でしたが、当時の青井忠雄社長から「君ならできる！」「いや、君だからできる」と、強い激励のことばを頂きました。このことばに秘められているのは、障害のある我が娘、成子の存在があります。しかし、その道のりは厳しいものでした。

トップの心意気こそ、人を動かし、人を活かす

● お墨付きの「特命」

　「国連・障害者の10年」の最終年の1991年11月、多くの大企業が障害者の雇用について行政から指導を受けました。丸井の経営ト

ップは、それをいち早く前向きに受け止め、社会的責任の理念の元12月の取締役会で障害者の職場開設を命じ、翌年1月には設立準備室が立ち上がりました。

　辞令授与の時、「この辞令は会社として初めて出す"社長特命"です。今度の仕事は大変だが、君ならできる。いや君だからできる。企業として社会的責任を担い、社会貢献となる重要な仕事だ。どんな壁に阻まれても心配するな。私が全面的にバックアップするから。安心して取り組みなさい」と、当時の青井忠雄社長に言われました。

　これはまことにありがたいお墨付きで、最高に心強く、勢い良くスタートすることができました。

　新しいピッキングシステムを構築する時、予算がないから無理だと言われていたところ、お墨付きをほのめかしたことによって途端に予算が拡大されました。

　また、マルイキットセンターの職場に、ミーティングルームが絶対に必要だと考えていた私が、事務所に隣接していた金庫室をつぶしミーティングルームのスペースを作ることを提案したところ、周りから反対された時にも、「そうですか、それでは私から上層部に話しますよ」と私がつぶやいたところ、パタッと周囲の反対がなくなり、途端にミーティングルームが設置されることになりました。

● 「お墨付き」からの実践が大きな評価を生む

　このミーティングルームでは、毎日朝礼が40～50分ほど行われます。社員一人ひとりが何でも良いから自分の関心のあることを発表します。本当に何でも良いのです。

話は、新聞記事にあった出来事でも、テレビの話題でも、今の気持ちでも。ただし、人の真似はしない。みんな自由に和気合い合いと話してくれて、大笑いすることもしばしばありました。

　この話を他の企業の人に伝えると、「知的障害者が話せるわけがない」、「理解できるわけがない」と言う人がいます。しかし、後に長年の積み重ねが、大きな評価を得ることになります。

　天皇皇后両陛下が、2010年12月7日にマルイキットセンターに行幸啓された時のことです。両陛下は、障害のある社員全員にお声をかけてくださいましたが、後で驚かれていたそうです。「どうしてみなさんあのようにお話しができるのでしょうか？」と。

　その大きな理由として、このミーティングで培われたコミュニケーション力があったからだと思います。

　トップの心意気こそ、人を動かし人を活かし、そして、良い職場作りができます。社長からのことばに、私の心は強く動かされました。おかげで、目の前に立ちはだかる数々の難問に対しても、信念を持って情熱的に取り組むことができたのです。

仕事のシステムを作る

● 心身障害者職能開発センターでの実践研修

　辞令が出てから半年間、私は「障害」と名の付くありとあらゆるところへ行き、多くの知識を得ました。そして、障害者に関わって

いる大勢の方を訪問し、たくさんの経験談を聞き、特に、障害特性の理解と配慮の重要性を教えて頂きました。身体障害者については、「設備面の充実」を、そして知的障害者については、「接してみることによる理解と心構え」を教えて頂き、職場設立に役立てていきました。

この準備期間の半年で最も勉強になったのは、新宿区戸山の「東京都心身障害者職能開発センター」での、私1人のために企画された10日間に及ぶ実践研修でした。

研修の仲間は、知的障害者11名です。そこに私が加わって、ビー玉数え、袋詰め、アクリル板の切り抜き、テーブルタップの組み立てなどの単純作業訓練に明け暮れました。毎朝屋上で行われる体操やランニングもみんなと一緒に行い、最初は仲間として認めてはくれませんでしたが、数日もすると次第にうち解けていきました。

● 間違いにくいシステムを作る

訓練最終日には、4カ月後に設立をひかえたマルイキットセンターを想定して、メイン業務であるピッキングを、自閉症傾向のある8人に模擬的に取り組んでもらいました。

その作業は、電池やペンチ、マジックペンなどの備品をピックアップして、種別分類や数量、物の数え方などをどのように理解、判断するかのテストです。

8人のメンバーの一人ひとりが異なった答え方をし、特性を明確に表す反応を示してくれました。特に重要だった点は、知的障害者の共通のウイークポイント、数の認識や計算が苦手な点や、判断力、記憶力、適応力、迅速性などに課題があるといった、彼らの特性を知ることができたことです。これらは、ピッキングシステム作りに不可欠な情報でした。

　こうした実践の中から、知的障害者の雇用は「無理だ」、「できない」ではなく、「何ができるのか」、「できないなら、どうすればできるのか」という「人に仕事を合わせる」という前向きの精神で創意工夫を重ねました。そして、彼らの持っている力、秘めた能力を引き出す、新しいシステムが構築されました。

　その結果を、用度品集中管理プロジェクト会議に提言し、そして、**単純化を最優先に、自己判断部分を極力少なくした、見やすくて、わかりやすい、「間違いにくいシステム」**を作り上げることとなります。

● システム構築の師は障害者

　養護学校の校長先生だった茂木金作先生が、マルイキットセンターを視察をされた時に、「この職場は、知的障害者の本質をわきまえて作り上げ、運営していますね。"子を知り、子に学び、子に返す"というこの分野の格言の実践だ」と言われました。

　その原点は、東京都心身障害者職能開発センターで一緒に訓練に参加してくれた仲間たちです。彼らは、このシステムの師です。あの時、上手にできずに失敗した何人かの訓練生が、「仕事を僕たちの

能力、特性に合わせてよー」と叫んでいたように思えたからできたのです。改めて、あの時の訓練メンバーに感謝したいと思います。

受け入れ体制は万全に

● 企業内での障害者雇用の場を確立

　マルイキットセンターの業務は、丸井の各営業店で使う事務用品や用度品の集中管理です。

　丸井の事務用品・用度品は、年間に約10億円、105万点にも及ぶ膨大な取り扱い量です。マルイキットセンター設立以前は、営業店ごとに発注、仕入れ、在庫管理、売り場配布などを行っており、複雑な納品・管理体制で大変効率が悪いものでした。これを、センターを設立して一括集中管理体制にすることになりました。

　そうすることにより、1）営業店の倉庫をなくして省スペース化、2）ロット発注や一括納入によるコストダウン、3）営業店に担当者不要で人件費削減、4）納品車両の削減、などが図れます。また、各営業店への配送もカゴ台車1、2台なので、グループ会社の一般商品輸送車の片隅に無料で載せてもらえます。

　そして何より最大のメリットは、その職場を障害者雇用の場として確立できることです。

● 職場環境を整える

「人に仕事を合わせる」ことを主眼に、知的障害者に理解してもらえるシステム開発を進めながら、マルイキットセンターでの職場作りが進行しました。

場所は、約850人ほどが働く7000坪の総合商品センターの2号館に決まり、エレベーター、トイレ、ドア、手すり、休憩室などを身体障害者対応の設備設置の他、倉庫だったために暗かった床、壁の塗り替え、天井照明の大幅な増設などを行いました。「明るく広く安全に」をモットーの職場環境を整え、限られたスペースでしたが、念願だった朝夕みんなが集えるミーティングルームも新設しました。

● 障害者採用

障害者採用活動も、同時進行していました。当時、身体障害者も採用が難しかったのですが、知的障害者の一般企業での雇用はほとんど進んでいませんでした。丸井人事部は、この知的障害者の就労難に目を向け、「知的障害者にもできることがあるはず」という前向きな考えで、知的障害者と身体障害者が共に働く職場作りの方針を決めていました。

当時、知的障害者と身体障害者が一緒に働く職場はほとんどありませんでした。そのため、職場設立前に相談した方々からは、「無理です」、「一緒に働かせるのはやめたほうが良い」、「前例がない」などと否定的なアドバイスばかりでした。

しかし、私はそれまでの実践的な研修の中で、両者が互いに持て

る力を発揮し合い、協力して働ける職場の実現を信じ、「同じ人間どうし互いに理解し、真っ直ぐな心で向かい合い思いやる気持ちがあれば大丈夫だ」と心を決め、両者の採用を押し進めていきました。

そして、4カ月がかりで、身体障害者8名と知的障害者8名の計16名を採用し、商品センター内の既存の部門に仮配属して、少しずつ職場生活に慣れてもらいました。

● 職場運営スタッフを揃える

こうして、人事部、総務部、物流部、システム担当子会社の協力で、仕事作り、システム構築、作業場作り、職場環境整備、そして障害者採用も順調に進みました。

残るは、職場運営にあたるスタッフを揃えることでした。主任職と男子社員は既に着任していましたが、運営の要になる係長の人選には苦慮しました。幸い人事部では、障害者採用担当の岡田係長を配属してくれました。これは、当時の人事の最高配慮でした。係長は、マルイキットセンターの基盤作りに大いに貢献してくれました。

忘れてはならないのが、パートタイマーの5人です。彼らは、作業現場で直接障害者に接し、仕事だけではなく体調管理や心のケアに気を配ってくれ、その中の岡本さん、中村さんは、17年間もの長い年月にわたり活躍し、障害者の定着支援と職場の安定に貢献してくださいました。

（2）

障害者の働く場を運営

　スタートしてから6カ月。たくさんの方々のご支援、ご協力で「身体障害者と知的障害者が共に働く職場」が完成しました。後はこのシステムを活かすこと、雇用した障害者たちが各自の特性を発揮してくれること、企画立案どおり作業が進むこと、事業が好発進し安定した職場になることを願うばかりです。この時は、後のトラブルの発生など思いもよりませんでした。

規律・仕事は厳しく、職場は楽しく

● 業務指導から社会人の常識、健康、身だしなみまで

　マルイキットセンターの受け入れ体制が確立し、いよいよ稼働させる時がきました。仮配属先からメンバーが集まり、職場運営の考え方や働く心構えを揃え、「みんなの力で良い職場にし、定年を迎えるまでこの職場で頑張り抜こう！」と誓い合いました。この時の陣容は、身体障害者8人、知的障害者8人、社員5人、パートタイマ

一5人の総勢26人です。

　障害者の職場運営は、大変難しいと聞いていましたが、私は、「彼らを特別扱いはするべきではない」と考えていました。20年間の店長の経験を活かし、その時と同じ**「規律と仕事は厳しく、職場は楽しく」**という運営方針を立てました。

　業務上の指導は当然のこと、社会人としての常識教育、職業人としての職場適応訓練も実施しました。時間管理をはじめ、健康、安全、身だしなみ、金銭管理などの教育・指導に力を入れました。

　また一方で、笑いに満ちた朝のミーティング、ボウリング大会、各種パーティーへの参加、1泊のバスハイクなど、楽しい職場運営にも力を注ぎました。

● 社員への配慮・工夫

　開所式は、障害者の家族と関係者、行政機関からは直接の担当者のみの出席で簡素に行いました。

　そして、いよいよ営業開始に向けての実践訓練の日です。営業店各フロアからの模擬受注、リストのプリントアウト、ピッキング作業、出荷品の検品・梱包、カゴ台車への積み込みなどの模擬作業を1週間かけて実施することになりました。

　構築されたシステムは、障害特性を踏まえた「間違いにくい工夫」が組み込まれています。扱うのは、770品目の事務用品や用度品です。丸井各店舗のフロア単位で注文が来るので、行き先は178フロアにもなります。

ショッピングバッグ、ダンボールなど重く大量に入荷する物、贈答品箱、帳票、リボン、セロテープ、ガムテープなどロット入荷する小さい物、また、形状は同じですがサイズや名称が多種類に及ぶ類似品などを260台の棚に並べ、準備完了しました。

1週間の実践訓練は、決して順調ではありませんでした。むしろ波乱万丈、大小様々な出来事が発生しました。それらの出来事を乗り越えながら、それからも月日を重ねて、この集中管理システムは稼働していきました。

予期せぬ出来事から学ぶこと

● 「わかりました」は「わかりません」と心得よ

順調に職場が運営できるまでには、試行錯誤の連続でした。

年末の大掃除の時の話です。大掃除で一番難儀なのは天井の照明の掃除です。職場には照明器具がたくさんあり、かなり長い蛍光管が使われていました。電気系統の掃除の時には、感電する恐れがあるから水を使わないように注意をしていました。蛍光管は外して濡れ雑巾で拭くことや、ソケットの差し込み口を拭く時に絶対に濡れ雑巾を使ってはいけないことを指示していました。

私は、朝きちんと話して指導しておけば大丈夫だと思っていました。「みんなわかりましたか？」と聞くと、「はい、わかりました！」とみんなが勢いよく返事するので、それで完全に理解をしたものと

思って作業を進めていたのです。

　すると、「大変だ、大変だ、大変だー！」と周りの者が叫んでいるので見てみると、池田さんがテーブルの上で天井照明に感電して、「はぁーはぁー」と息を切らしていました。「大丈夫か？」と聞くと、「大丈夫です、大丈夫です」と、正常な状態に戻った様子に安堵しました。

　私が、「濡れ雑巾を使ってはいけないって言ったでしょう！」と言うと、池田さんからは、「はい、使いました」という返事が返ってきました。「使ってはいけません」が、「使いましょう」と理解されていたようです。この時は本当に、指示、指導の難しさを痛感させられました。

　彼らは小さいころから、「わかったのね？」と聞かれたら、とにかく「はい、わかりました」と答えることを教えられています。この事件で得た教訓としては、"「わかりました」は「わかりません」と心得よ" ということでした。

　そして、「目とことばで何回も繰り返し確認をしなければいけない」、さらには、「危険と思われる場合には、必ず指導者がそばについて注意を払わねばいけない」、という教訓をもらった事件でした。

● **本気であたる大切さ**

　開所後3カ月ほど経った時、身体障害者の最年長の男性社員が真剣な面持ちで、「私たち、会社を辞めたいんです」と言ってきました。

私はあぜんとして、辞めたい理由と、「私たち」とは何人なのかを尋ねました。「4人で話し合った結果です。あんなに騒がしくて、理解力もなく、教えても覚えず、礼儀もわきまえない人たちとは、一緒に働けません。私たちにはもう耐えられません」と言います。すぐにあとの3人を呼び、4人共同じ考えであることを確認しました。

　開所して間もない軌道にも乗っていない時に、4人が退職するなど考えられないことです。私は本気で慰留に努めました。

　まず、毎朝唱和している「互いに理解し、尽くそう親切」の意味を何度も説明し説得しました。しかし、彼らの答えは変わりません。私は、クビを覚悟で思い切った手段に出ました。「私も真剣に話すから、みんなもしっかり聞いてくれ！」と前置きをして、右腕に障害のある人に「なぜ、その手を使わない」、言語に障害のある人に「どうしてもっと滑らかに話さない」、片足が不自由な人に「きちんと歩きなさい」、車いすの人に「自分の足で歩きなさい」と言い、「このように君たちに要求したらどう思う？」と問いました。4人は、「それはひどい。私たち障害者に対する暴言、人権侵害です！」と怒りをあらわにしました。

　私は、「みなさんのその悔しい思いを胸に、知的障害の特性を理解してほしい。ここは障害者のための職場です。互いのウイークポイントを理解し合い、持っている力を出し合って、助け合う心で、どこにも負けな良い職場にしてほしい」と訴えました。

　4人は、自分たちのことばを撤回しました。そして、職場の円滑運営に協力することを約束して、二度と不満を口にすることはありませんでした。

この事件で私は、責任者として身体を張って本気であたる大切さを、体験しました。こうして、当時では珍しい、知的障害者と身体障害者の持つ能力、技能を発揮し合い共に働く職場の原形が出来あがったのです。

「社会大衆に貢献」するが 評価される

● 対外的に注目されるように

　数々のトラブルや失敗をしながらも、何とかみんなで職場を作っていきました。すると徐々に対外的に注目され始めました。しかし、「NHKスペシャル」で取り上げられることになった時、私は慎重でした。障害者の肖像権問題があるからです。

　身体障害者に個別に説明をすると、8人中3人が反対しました。「みんなが良い職場だと言っている、こういう職場を他にもたくさん作ろう」というのが目的なのだと説明すると、みんなすぐに了解しました。知的障害者には、8人まとまってもらい説明すると「テレビに出るの？　やったぁ！」と全員了解でしたが、念のため保護者に連絡すると、2人の親からNOサインがありました。

　その後、2日間にわたる撮影があり、1992年12月に、NHKスペシャルの番組「あなたといっしょに働きたい」が放送されました。

しかし、その映像の中に絶対に映さないよう断っておいた2人が、映ってしまっていました。恐る恐る翌日保護者に電話をしてお詫びをすると、「いいんです、うちの子があんなに良い職場に勤めているなんて誇りに感じました」と言ってくださいました。

● 天皇皇后両陛下が行幸啓

マルイキットセンターは、様々な賞を頂きました。職場立ち上げから2～4年の間に、東京都知事賞、労働大臣賞を受賞。2008年には、埼玉県知事賞、厚生労働大臣賞を受賞。

そして、2010年には、厚労省の担当官から、「皇族が一般企業の障害者雇用の現場の実際を見たいので、職場を視察したい」との申し入れがありました。数百社の特例子会社の中から数社が推薦され、その中からいくつもの審査の結果選ばれたとのことでした。そして、「天皇皇后両陛下の行幸啓」だと知らされました。

職員たちは、驚きと感激と対応に対する戸惑いで大変でした。失礼があってはいけないと、あいさつや態度などの訓練に真剣に取り組み、障害者たちも、いつもと違う職員たちの動きやことの重大さを察知し真剣でした。特に家族の方々は、「わが子のおかげで、すごい体験をさせて頂いた」と喜びました。

20年以上前に入社して、今もマルイキットセンターで明るく元気に働き続けている彼ら全員に、天皇陛下はおことばを掛けてくださいました。そして、「ほんとうに良い職場を作りましたね」とお褒めのことばをくださいました。その報告を聞き、開設責任者として、また彼らの成長ぶりに、このうえない喜びを感じました。

（3）

訓練システムの構築・人材育成

　マルイキットセンターでの6年間が過ぎ、40年勤務した丸井で定年を迎えました。その後は、埼玉県にある国立職業リハビリテーションセンターに第2の職場を得ることになりました。ミッションは、「企業が先行している知的障害者の受け入れノウハウを職業訓練に取り入れ、訓練システムを構築すること」です。知的障害者の社会進出に不可欠な訓練なので、民間企業での色々な体験を活かしてほしいとの要請でした。

訓練システムの構築

● オーダーメイドの訓練

　国立職業リハビリテーションセンターで私は、販売・物流コースの責任者を任されました。ひとつの部屋を物流センターに見立てて、ピックアップ作業と積み込み作業、荷物のカゴ台車による運搬という流れのシステムを構築しました。マルイキットセンターと同じような在庫を積み上げる棚を用意し、色々な物品を導入しました。

そして、実際の実務を想定し、訓練生に企業の中で求められる職種として、メール仕分け、清掃業務、ピッキング作業を主要訓練とし、その他、色々な周辺作業を訓練カリキュラムに組み入れ実施しました。訓練生は、それらの作業訓練の基本カリキュラムに基づいて訓練を進めていきます。実際の訓練では、企業現場さながらに色々な工夫をしました。

　また、オーダーメイドの訓練も試みました。訓練生が企業の採用面接を受けて合格した場合、就職するまでの約1カ月間、その企業現場を模した訓練システムを作って訓練をして、就職したら即その仕事ができるような取り組みをしました。

　このシステムにより、就職した訓練生も安心して就業することができ、企業からも大変喜ばれました。

人材育成

● 社会性の向上を重視

　訓練生は、東京、埼玉が中心で、神奈川、千葉から通う人もいます。入所資格は、知的障害者（身体障害の重複障害者も含む）で18歳以上、学歴は問いません。応募者が非常に多く、倍率の高い入所試験となり、合格者は非常にレベルの高い人が集まりました。

　センターの目指す目標として、「企業ニーズにこたえる即戦力となる人作り」、特に、「社会性の向上を重視した人材育成」としました。

それは、企業で働くうえで社会性の高さは不可欠だからです。さらに、受け入れ企業が異口同音に言う一番の願望だったからです。

そのため、訓練カリキュラムは業務を遂行するために欠かせない「技能訓練」と、社会生活や職場生活を円滑に行うためのあいさつ、態度、礼儀、規律、約束、報告・連絡・相談（報連相）などの「社会性向上訓練」に大別し、後者を重要視しました。

まず、私が大事にしている"日常の五心"を毎日全員で唱和をします。さらに、毎日テーマを変えて講義をしました。

職場では、何か言われたら「はい！」と返事をする、素直な心で人と関わる、過ちをおかしたら「すいません」と詫びる、といったことを徹底的に指導します。

例えば、朝、時間になると全員が集合し、私が、「じゃあみなさん始めましょうか」と言います。号令担当が「起立！」と言うと、音も立てずにピッと立ち、「休め！気を付け！」、「礼！」、「おはようございます！」と、あいさつが揃います。　最初はなかなかまとまりませんでしたが、訓練を徹底的に行うと、2週間後にはある程度揃うようになり、2カ月後には全員がビシッと揃うようになりました。あいさつの重要性を、こういった訓練により教え込みました。

他にも、「わかった」じゃなくて「わかりました」といったことば遣いや、すぐに返事をしなかったら「即返事！」というようにです。

礼儀についても、歩きながら礼をするのではなく、「立ち止まってから礼をする」など、社会で生きていくうえで必要な社会性を、日々の行動の中で徹底的に極めて厳しく教え込んでいきました。

● **訓練をする側の役割り**

「訓練次第で人は変わる」。これが私の信条です。やる気や自信が持てない人が、訓練に取り組み、自分の力量を伸ばし、自信を得る。そうするとやる気も出てきて、社会に出るパワーとなります。

センターへは、入所を希望して親子で見学に来ることがあります。ある時、私が色々な作業の説明をしながら、「重いダンボールの箱を棚から取り出して、テーブルまで運んで来る」という作業をやって見せていました。すると、本人が乗りだして「やってみたいな」という素振りをしたので、「じゃあ、荷物運びやってみる？」と誘ってみました。しかし、彼は「うんっ」と言うのですが、お母さんが「ダメ、うちの子はそんなことできません」と言って止めました。彼は、手が片方不自由なのです。

私は、「お母さんに言ってるんじゃないよ、本人がやるって言ってるんだから」と言って、彼に合わせたやり方で、もう一度見本を見せてから本人にやってもらいました。彼は、できました。「いやー、たいしたものだ、素晴らしい！素晴らしい！」と褒めたら、本人は大変喜びました。自信がついたのです。

障害があるからといって、**能力を限定的に決めつけるのではなく、その人の可能性をまず見極め**、そのうえで、**実際に力を発揮できる機会を提供する**。そのことにより、働く喜びや自分もできるという

自信を持たせる。

　それが、訓練する側の役割りであり、大切な心構えです。

● 「叱られ強い人間」を目指す

　私も、やみくもに叱りつけたり、感情的になって怒ったり怒鳴りつけたりすることは、絶対に良くないと思っています。

　それは、「叱る」ではありません。

　大切なことは、叱る相手としっかり向き合い、**深く理解し、相互に信頼し合う関係を築くことが大前提**となります。そのようなベースがあるうえで、良し悪しを明確にし、良くないことに対してきちんと対応することで、その相手は成長していくのです。それが、「叱る」ということだと思います。

　人は、叱らなければ伸びません。それが私の教育哲学です。叱られた経験がないと、社会に出て叱られた時にすぐ崩れてしまいます。叱られた時に、その悔しさをバネに"やり直す心"を教え込む。そして、「叱られ強い人間作り」を目指すのです。

　6年間にわたるリハビリテーションセンター勤務で、130人を超える障害者の訓練に携わってきました。彼らから教えられたこともたくさんありました。そして何よりの喜びは、あの頃の大勢の訓練生たちが社会に出て、企業の中で立派に働き続けていることです。

(4) 障害者雇用の開拓・職場設立支援

　6年間の訓練指導のあと、もう一つの全国規模の大型訓練に携わることになります。2004年、厚生労働省「障害者委託訓練事業」の東京のチーフコーディネーターです。私にとっては、障害者雇用・訓練に関連した3回目のミッションでした。「障害者委託訓練事業」とは、リタイヤした人や作業所や家庭にいて一般就労を希望する障害者を訓練する事業で、初年度の目標は、全国で5000人、そのうち東京都では500人を訓練すると設定されました。

受け入れ企業の開拓

● 3年間で1500人を超える訓練生

　本部は、「東京障害者職業能力開発校」、業務の本拠は、私が12年前に研修を受けた新宿区戸山にある「財団法人東京しごと財団心身障害者職能開発センター」に置かれました。
　ここでも、私1人のスタートでした。事務所の設営、コーディネーターの募集、企画立案、スケジュールの作成、委託訓練スキーム

の分析や関連部署との課題や業務分担などを、国や東京都の担当者と折衝しました。新規事業のためうまくいかないこともしばしばありましたが、次第に理解者や協力者が増えて、理想的な体制が整っていきました。訓練者数は、3年間で1500人を超えました。

しかし、訓練をすれば良いというわけではありません。訓練した人の中から1人でも多く就職者を輩出することが重要です。

● 「東京方式」で就職率を拡大

この委託訓練には、2つのコースがあります。1つは、多くの人数を対象にする集合教育「知識・技能習得訓練コース」。このコースは机上での研修だったため、修了してすぐの就労は不可能でした。

もう1つは、企業の職場で仕事を通じて行う「実践能力習得訓練コース」です。このコースは、本人と企業が互いに気に入れば、そのまま雇用に結び付きます。

受け入れ企業が多いほど、就職者が増える可能性が高まります。したがって、企業の開拓が我々コーディネーターの最大の課題です。コーディネーターは、多くの企業を回って職場実習をお願いしますが、1社につき1人か2人の受け入れなので、企業の開拓数が成果の要となります。

コーディネーター5人は、分担して都内17カ所あるハローワークに密接にコンタクトを取り、連携しました。特に、障害者雇用率を満たしていない企業の情報は役に立ちました。その企業に重点的に営業をかけました。この時にも、丸井の店長職で培った営業力と指導力を発揮することができました。

さらに、コーディネーター全員が民間企業出身で、それまでそれぞれが体得した訪問テクニック（営業マン的精神）を駆使しました。これが、「東京方式」と呼ばれるやり方でした。

　その成果が実を結び、受け入れ企業が他府県に比べ多数存在し、就職率の上昇に寄与しました。東京都は就職率も良く、就職者数は、全国1位となりました。

● 精神障害者の雇用率アップに

　障害者側からすれば、「希望する企業で訓練を受けることができ、そのまま雇用されることもある」、企業側からすれば、「訓練を通して雇用するか否か判断できる」、そのため企業が障害者を初めて受け入れようとする時の不安感や負担感を軽減することができます。

　このように、委託訓練制度は障害者側、企業側、双方にとって就労までのハードルを低くする効果がありました。

　特に、精神障害者の人の積極的な活用がみられ、受け入れ企業の理解や雇用への取り組みが急速に増え、雇用の拡大に弾みがつきました。

● 互いに理解し合い就労の実現に

　「障害者委託訓練事業」では、たくさんの企業にご協力頂き、大勢の障害者をそれぞれの職場で実践訓練して頂きました。

　訓練生は、企業の現場での体験を通して、働くことの意義や仕事の厳しさ、さらには職場の楽しさを学び、就労への心構えを身に付けていきます。そして、「この企業で働きたい」と訓練生が考え、企

業側も「この訓練生なら雇用できる」と相互に理解しあえた場合、訓練生がそのまま就労に結び付くことになります。

たくさんの訓練生が、この事業の最大の目的である就労を実現させていきました。

職場設立支援

● 設立に背中を押してくれる制度の存在

委託訓練事業は、ただ単に訓練生と企業を結び付けるだけではありません。

新規で障害者雇用に取り組む企業に対して、障害者が働ける「仕事作りと職場作り」から関わるという企業支援も、重要な役割りとして担っています。また、新たな特例子会社を生み出す原動力にもなりました。

実際に、新たに設立されたいくつかの特例子会社、新たに障害者雇用に取り組む会社に対し、障害者雇用のお手伝いをしてきました。その中で、大手保険会社の特例子会社D社を紹介します。きっかけは、ハローワークからの要請でした。

D社は、既に特例子会社設立を計画していて、私が初めて訪問した時にお会いした2人は、後に社長、総務部長となる方々でしたが、障害者についての知識は全くなく、その対応経験もありませんでした。

　私は、障害者雇用についての説明した後、現場見学を勧めました。黙々と清掃している障害者たちを見て2人は、「これならうちでもできる」と手応えを得て、早速障害者採用を含む人事計画に着手し、「仕事作りと職場作り」に取り組みました。

　そして、D社はたった3カ月で障害者雇用をスタートさせ、その後、幅広い事業展開を続け、今では200名を越える障害者が働く特例子会社に成長しています。

　障害者雇用に初めて関わる人たちは、とても不安な思いを抱きます。私も実際そうでした。その時に、経験者からのアドバイス、実際に取り組まれている事例、さらには委託訓練事業のような背中を押してくれる制度の存在は、とても重要です。

● 企業イメージに「マイナス」の影響が働く疑念

　また、ファッション関連で有名なブランドを有するE社の支援に取り組んだ時のことです。E社は、人事担当の役員の指示で社会保険労務士を介して、障害者雇用のアドバイスを求めてきました。E社の担当は、人事担当の課長と係長が中心でしたが、障害者雇用への折衝は半年以上も結論が出ていませんでした。

　一番の原因は、最先端のブランドイメージを大切にする中で、障害者が店舗や会社内で活動することに、「ブランドにマイナスの影響

が働くのではないか……」という疑念の強さでした。私は、2つのことを強調して伝えました。

1つは、障害者雇用推進の要は「経営トップの理解と決断」だということです。もう1つは、**具体的な業務の提示**です。本社内や店舗ではな

く、倉庫や物流センターなどでのたくさんの業務の切り出しを具体的に提示し、障害者も働ける職場確立の見通しを提案しました。

そして社長にも、「障害者雇用は、社会的責任と社会貢献を果たす重要な実践」であることを確認して頂きました。社長の理解が確立されると、後はスムーズに進みました。

● 「ない」に着目した対策

障害者雇用を促進する時、ほとんどの企業が、「うちでは実現できない」と言います。障害者雇用を開始する際に、不安感と負担感を強く抱くのは仕方のないことです。

E社の場合にも、いくつかの「ない」が見られましたが、課題解決の際、特に「担当できる人がいない」に着目して対策を取りました。具体的には、就労支援センターから人を推薦し雇用することを提案し、実現しました。

E社では、「仕事」「職場」「担当者」「マニュアル」「周囲の理解」などが確立され、さらに雇用が進み、今では社長の見回りや温かい声かけがあり、素晴らしい職場となりました。

● 定着指導体制を考える

　E社とほぼ同時期に障害者雇用に意欲を示し、取り組みを始めていたF社からも相談が入りました。教育産業系の企業の子会社として、有料老人ホームを経営しています。

　各地に点在する老人ホームでの雇用なので、仕事の切り出しと職場の位置づけに苦慮し、各ホームに1名ずつ配属することになりました。

　一番の課題は、「作業指導と定着指導体制をどのように整備するか」でした。なぜならば、250カ所を超えるホーム全てに、障害者担当を配属することは不可能だからです。色々な観点から考慮し、ホーム長が兼務するということになりました。

　仕事は、居室の水周りの清掃、玄関、廊下、階段などの清掃。手すり、ドアノブなどの消毒、そして洗濯室におけるクリーニング業務とリネン交換です。

　雇用が始まり、5〜10人の時は本部からの目が届いていましたが、20人、30人と雇用人数が増え、それに並行してトラブルや課題も増え、その対応が困難になってきました。そこで私に、障害者定着支援のアドバイザーとして専任の要請があり着任しました。

　以来8年、大小さまざまな問題の解決に力を注いできましたが、今や200人近い障害者多数雇用企業に成長しています。その中にも、私の心の中に深く思い出に残る障害者たちが何人もいます。障害者雇用や教育に対する教訓となる事柄が多く、ここにもたくさんの師匠がいたことになりました。

2章

試行錯誤の体験談
― 障害者から学ぶこと ―

2章では、障害者雇用の現場の中で体験した、障害者たちのエピソードをお話しします。障害者にたくさんのことを教えられました。

プロローグ　私の師匠〜池田孝利さん〜
(1) 採　用
(2) 仕　事
(3) 事前対策
(4) 職場定着
(5) 対　応
(6) 指　示
(7) コミュニケーション
(8) 能　力
(9) 恋　愛
(10) お　金
(11) 人的環境

試行錯誤の体験談 ― プロローグ

私の師匠 〜池田孝利さん〜

・ 池田さんとの出会い

　障害者雇用の取り組みをする中で私が出会い、最も影響を受け、最も印象に残っている人物は池田さんです。当時18歳。知的障害（自閉症）があり、県立特別支援学校出身、福祉作業所登録を経て、マルイキットセンターに入社しました。池田さんは色々なトラブルを引き起こしましたが、そこから障害者雇用に関する重要なポイントをたくさん教わりました。私にとってはこの道の"師匠"とも言える存在です。

　池田さんのことは、最初の出会いから忘れられません。入社が決まり、マルイキットセンターに母親と２人でやって来ました。礼儀正しく名前を述べて、「よろしくお願いします」ときちんとあいさつをしました。ところが、必要事項を記入するように書類を渡したところ、「お母さん、ペン！」と要求し、母親がペンを持っていないと、強い口調の大声で「だからお母さんはダメなんだよ！」と叱責したのです。

・ 大パニックの洗礼

　マルイキットセンターの中心的な業務はピッキング作業で、多品種について大量の荷さばきをする職場です。試行錯誤を重ねた末、用度品集中管理のためのピッキングシステムがようやく完成し、そのシステムが

果たして知的障害者の人たちに通用するのかどうかを試す実践訓練の初日のことでした。

　彼らが行う作業は、事務用品などの陳列棚の表示プレートと、伝票とのつき合わせをすることです。作業をしているはずの池田さんが、唐突に事務所に入って来ました。私のデスクの前に仁王立ちになると、2枚に切れたピッキング伝票を示して、「破れた！破れた！」と繰り返すのです。私は、「わかりました」と言って、すぐに指導スタッフの鈴木さんに頼んで伝票を貼り合わせてもらい、破れた理由はあえて聞かずに「池田さん、伝票を貼ったからしっかり頑張ってね」と手渡しました。

　すると池田さんは、その伝票を受け取るとぐしゃぐしゃっと丸めて壁に投げつけ、「こんな仕事、やってらんねえ！」と大声で叫びながらドアを蹴り開けて廊下に飛び出しました。その大声の迫力とすさまじい勢いの行動に、事務所の者だけでなく作業場にいる人たちまでびっくり仰天しました。

　池田さんは、端から端まで20mはある廊下を大声をあげながら猛スピードで行ったり来たり走り回っています。突然のことで、私も何が起こったのか理解できず、対応の仕方もわからずに困ってしまいました。しかし、手をこまねいているわけにはいかず、とにかく池田さんを静めようと廊下に出ました。

　すると池田さんは、廊下の端から私に向かって突進してきました。私は、とっさに身構えました。彼は体重80キロ、身長も180センチ近い巨漢です。こちらも大声で、「やめろ、止まれ」と、突進してくる池田さんに向かって立ちはだかりましたが、勝負はあっという間に決まってしまいました。池田さんの勝ちでした。

私はものすごい勢いではじき飛ばされ、廊下の壁に全身をぶつけることとなりました。次に目にしたのは、廊下の隅にある流し台の水道を全開にし、流し台を蹴飛ばして意味不明のことばでわめいている池田さんの姿でした。私が負けじとそれを上回る大声で「静かにしろー！」と怒鳴りながら近づくと、池田さんはサッと身をかわし、またもや廊下を走り抜け、今度はトイレに立てこもりました。

　そして大声で、「Ｓのヤローあんなに難しい仕事をやらせて、Ｓのバカヤロー」と今度ははっきりわかることばで叫んでいます。2、3分経つと、池田さんの立てこもっているトイレが静まり返りました。中の様子を見ようとそっと静かにドアを開けると、私のすぐ目の前に大きな目玉があり、池田さんもこちらの様子を伺っていました。

　「出てきなさい。ここに座りなさい」と、トイレ横のロビーにある長椅子に池田さんを座らせ、「のどが渇いたろう？コーヒーを買ってやるからな」と声をかけると、池田さんは、「金なら持ってる！」と大きな声で小銭入れをポケットから取り出しました。「いいから、いいから」と制止して近くの自動販売機を操作していると、「もうあんな仕事は嫌だ。池袋のお店のほうがイイ！」と叫びました。

　後で調べてわかったことですが、池田さんは在学中に丸井池袋店の物流部で実習していて、やさしく簡単な仕事のみを与えられていました。そこでは、丁寧に見守るような扱いをされていたのだと思います。

　「わかった、わかった。とにかくのどが渇いたので2人でコーヒーを飲もう」とコーヒーを渡しました。よほどのどが渇いていたのか、一気に飲み干してしまいました。すると、池田さんの顔は見る見る穏やかな表情になり、一言つぶやくように「もう大丈夫だ」と。私は心の中で、

「何がもう大丈夫なものか、とんでもない暴れ方をして……」と、つぶやきました。

　初めて大パニックの洗礼を受けた私でしたが、どうやら収まったようだと感じ、ここで間髪を入れず「もうあの仕事はしないでいい。池田さんは救護室で少し休んでいなさい」と、きちっと指示をしました。ところが池田さんは、「所長、あの伝票のつき合わせ、もう一度やってみる」と言い出しました。「どうしてもやる」と言い張るので、「よし！やってみるか！」と再挑戦させることにしました。

　作業場へ戻り、私は池田さんと向き合いました。池田さんがくしゃくしゃにした伝票を手で伸ばし、ゆっくりと作業の説明を始めると、池田さんが作業について十分に理解できていると感じられました。

　先ほどの大パニックは一体何だったのでしょうか、本当に考えさせられる問題をいくつも含んだ事件でした。おそらく、家庭や学校で全面的にやさしく保護された「育つ環境」から、自分の力で生きていかねばならない「働く環境」への大きなギャップに対応しきれず、突然発生した抵抗心の現れだったのではないかとと思います。そして、自分に関わり、関心を持ち続けてほしいという、切なる願いなのだと思います。

・妙案が的中！

　大立ち回りから４カ月。その後も２、３回のパニックはありましたが、それぞれ小さく収まっていました。そんなある時、並び順を巡ってのトラブルが発生しました。主役は、池田さんと竹松(仮名)さんです。知的障害のある竹松さんは、かなりのトラブルメーカーで、少しずる賢い面があり、自分勝手な行動が日頃から目立っていました。

この日、先に並んで待っていた池田さんを抜かして、前の方に竹松さんは並んだようでした。「僕の方が先です！」と池田さんは何度か訴えたようですが、知らん顔する竹松さんを許せない池田さんは怒りをあらわにし始め、パニックが発生しました。慌てたスタッフが状況を周囲の人に確認したうえで、竹松さんを叱り、詫びさせました。それで解決と思いきや、池田さんの心は収まりきらず、廊下へ出て行き大暴れです。スタッフが止めようと試みるも収拾がつきませんでした。

　そのスタッフから相談を受けた私は、前回のあの大パニックを思い出して、妙案を思いつき、指示を出しました。「放っておけ！しばらく無視してみなさい！」。これが見事に的中、その後10分も経たないうちに池田さんの怒りは収まりました。その後池田さんは、竹松さんに対して何のわだかまりを抱くこともなく、普通に仲間として交流していました。一時は爆発的に怒りの感情に支配されパニックを起こしていましたが、少し間をおけば鎮まることや、怒りの対象に対してはあまりわだかまりを持つことがないことがわかる一件でした。

　この「10分無視すりゃ自己反省」方式は、発生した事象の内容によっては有効な対処法のひとつです。ただし、その際そのパニックを放っておいても安全であるとの状況判断が重要になってきます。

- 「名前は？名前は？」

　マルイキットセンターがスタートして8カ月。色々なことが発生しながらも、どうにか自力で職場運営ができるようになりました。その矢先、会社としてとても重要なイベントが行われることになりました。後に株式会社丸井の3代目社長となる青井浩社長室長が、マルイキットセンタ

ーの職場視察のために来所することになったのです。

　その日朝礼で、「今日は本社の偉い方がおいでになるので、みんなきちんとあいさつするように！」と指示を出しました。来所されて職場の内容や現状の報告をした後、現場にご案内しました。するとほとんどの社員はそれぞれの任務に熱心に取り組んでいたのですが、1人だけ仕事を離れ室長の前へ寄ってきました。池田さんです。とっさのことなので制することもできず、池田さんは室長の前に立ち、何のあいさつもせずいきなり室長に「名前は？名前は？」と自己紹介を迫りました。

　私は、慌てて「池田さん、あいさつをきちんとして、まず自分の名前を言いなさい」とたしなめると、「僕は池田です。名前は？」と相変わらずの調子で聞きます。室長は、「私は青井です。どうぞよろしく」とやさしく対応してくれました。池田さんは、「そうか……青井さんか」と言うと、次に頭のてっぺんから爪先までゆっくり見まわし、「良いスーツだなあ〜」と一言。私が困惑顔でいると、すかさず室長は、「ありがとう！このスーツは丸井で買ったんですよ」と、すると池田さんは、「そうか……丸井で買ったのか……」と言い残して仕事に戻っていきました。

　私が室長にお詫びすると、「いいのですよ。私はわかっていますから、心配しなくていいのですよ」と、障害者の特性への理解を示しつつ、むしろその大変さに対し労をねぎらってくださいました。

　経営トップが現場へ足を運び、直接話を聞き、現場を理解することにより、障害者雇用が進展していく。丸井の経営トップは初代、2代目、3代目と、継続した理解と配慮の手本と言える方々であり、障害者雇用の礎がしっかりとしている企業だと確信しました。

・赤が嫌いなわけ

　開所から１年後、春の防災訓練が大々的に実施されました。自衛消防組織の中でマルイキットセンターの隊員は主として安全に避難するという役割りを持っています。この日に向けて練習もしていました。申し合わせは、「焦らず、慌てず、姿勢を低く」です。

　訓練当日、非常ベルがけたたましく鳴り、「火災発生！火災発生！」の館内放送が流れました。放送と同時に主任が、「作業を止め、中央へ集合！」と大声で呼びかけ、全員が中央に集められ、点呼を取り全員が集まったことを確認し、避難を開始しました。中には怖がる人や面白がる人もいましたが、全員指示に従い速やかに避難し、他の職場も含めた全体の集合場所に集まりました。

　しかし、改めて点呼を取ってみると、１人不足しています。先ほどの作業場での点呼ではいた池田さんがいないことが判明しました。すぐさま職場に戻り探しましたが、なかなか見つかりません。他のスタッフと共に倉庫の隅々まで声をかけながら探し回りました。すると、奥の棚で膝を抱えるようにうずくまっている池田さんを発見しました。

　「何をやっている！出てきなさい！」と声をかけると、池田さんは「嫌です！」と拒否します。「１人でも欠けると報告ができない」と説得しましたが、頑として動きません。やむを得ず、「不足人員１人。既に発見し、異常なし」と報告して、一段落しました。集合場所に行きたくない理由を尋ねましたが、すぐには明らかにはなりませんでした。

　それが判明したのは、ある時、池田さんの奇妙な行動に気付いたことからでした。自分のところに回ってきたピッキングカードの一部を、パ

ッと捨ててしまうのです。最初はその意味がわからなかったのですが、捨てたカードの傾向を見てみると、赤い商品をピックアップするカードという共通点があることがわかったのです。

　本人に聞いてみると、「僕は赤が嫌いなのです」の一点張りです。その理由やそうなった経緯などは全然話してくれず、釈然としないままひとまずは池田さんには赤い物の取り扱いをさせないこととして業務を進めていきました。

　池田さんが赤い色が嫌いになった原因は、彼の中学校時代にまでさかのぼります。ある日、子育てのことで父母の意見が合わず、彼の前で夫婦げんかになったそうです。何かの拍子で、母親のひじが父親の口に直撃し歯が折れてしまい、血を吐き出したそうです。その光景を目撃した池田さんは、何枚もタオルを使い、その血を拭きとっては洗面台でタオルを洗い、拭き取っては洗い、最終的にはきれいにしたそうです。このようなアクシデントに直面し、池田さんの心に「赤色が嫌い」という思いが刻み込まれてしまったそうです。

　つまり、「赤色が嫌い」だったのは、単なるこだわりだけではなかったのです。そのきっかけとなった事件が与えた彼の心の傷はいかばかり……それを考えると、防災訓練のことやピッキングカードのことも安易に叱ってはいけないと、考えさせられたのでした。

　池田さんは、語れば限りないエピソードの持ち主でした。今は亡き池田さんは、私がこの分野で出会った最強の自閉症者であり、最高の師匠であり、最も心に残る、思い出深い障害者です。今でも、お母さんと年賀状のやりとりと交流が続いています。

試行錯誤の体験談 －（１）
採 用

園児に採用された

　ある時、都内の某就労支援センターに所属しているとても熱心なジョブコーチから私に電話が入りました。男性の知的障害者で、保育園での就労を希望している人がいるので、是非訓練先を探してほしいとのことでした。名前は伊藤隆史さん。おりしも幼稚園や保育園に訓練の募集をしていた時で、世田谷区の祖師谷保育園で受け入れてくれるという話になりました。ただし、職員が不足している状況ではないので、あくまでも訓練のみを実施するという条件でした。面接もスムーズに通り、３カ月間の訓練が開始されました。伊藤さんは、子ども好きでやさしい少年です。軽度の知的障害はありますが、その人間性を活かして保育園で勤務できたらと、本人はもとより私もジョブコーチも心に抱いていました。

　仕事は、清掃が中心でした。園庭や小動物の小屋、園児の下駄箱、窓ふき、遊具の片づけなど、様々な場所を熱心に掃除する日々が続きました。本人も子ども好きとはいえ、最初は園児も含めた環境に慣れず、戸惑うことが多かったようです。

　しかし、１カ月を過ぎる頃には本人も子どもたちも双方互いに打ち解け合い、昼休みにはかくれんぼをしたり、サッカーをしたりするようになり、とうとう「お兄ちゃん」と呼ばれるようになり、園児たちにとってのアイドル的な存在になりました。園長も園の職員の方々も園の一員として認め、見守ってくださいました。

しかし、残念なことに訓練の3カ月はあっという間に過ぎ、終了の時が差し迫ってきました。私は園長に、今までの働きぶりや人間性、そしてこの保育園との相性の良さなどを理由に、伊藤さんの採用をお願いしました。その返事は「最初から訓練のみとの約束で、雇用計画も立っていないので、採用は残念ですが……」。本当に残念でなりませんでした。

　そして数日後、委託訓練修了証授与式を行うこととなり、園では職員のみなさんが式を盛り上げようと、前日までに熱心に準備をしてくださっていました。当日、園児たちは修了式の光景を静かに見守っていましたが、これでお兄ちゃんとお別れとわかると、途端にざわつき始めました。すると主任職員が私のところに来て、「お兄さんに園児たちからお別れのことばを言わせたい」と相談してくれました。

　すると、僕も私もと、次から次に園児たちがお別れのことばを投げかけました。「お兄ちゃんとまだサッカーやりたいなぁ」、「どうしてやめちゃうの、居なくなったらさみしいなあ」、「お兄ちゃんが仕事しているのカッコ良かった」など、園児たちの澄んだ心に映った伊藤さんの人間性が表れていました。伊藤さんは、今日でみんなとお別れをしなければならないと覚悟していたようですが、このサプライズにより後ろ髪をひかれる思いで、園を去っていきました。

　しかし、数日後、私が園長から呼び出され訪問をすると、園長はにこやかな笑顔で、「色々考えましたが、伊藤さんを雇用したいと思うのですが、どうでしょう？」と。伊藤さんのやさしさや思いやりのある人柄、そして真面目に努力して仕事をしている姿が、大勢の園児たちから認められ、雇用の道が開かれたのです。まさに、園児たちに採用されたのです。伊藤さんは、10年勤続し現在(2017年)も頑張っています。

試行錯誤の体験談 －（2）
仕 事

70社への就活

　ある時、私の恩師の西村先生から珍しく「頼みがある」とお話がありました。内容は、先生が長い間世話をしてきた重度の障害のある笠原英介さんに関することでした。

　笠原さんは、聴覚に障害があるため、コミュニケーションは筆談と口話・読話を用います。そして、文字を書く分には問題はありませんが、腕は細く、肩から指先までが変形しています。さらには、中軽度の知的障害があります。つまり、聴覚障害、肢体不自由、知的障害の3つの障害があるのです。

　彼は、以前勤務していたスーパーを退職して以来、母子で就職活動に取り組み、訪問した会社は7年間で70社にもなると言います。しかし、なかなか受け入れ企業が見つからず、苦慮しているとのことでした。私は、企業就労は難しいと思いました。

　しかし会ってみると、彼の筆談で書き込むしっかりした文字とことばからは、就労への熱意と執念を感じることができました。「企業就労は無理だ」という気持ちは消えていき、「何とかしなくては、この人を受け入れてくれる企業はどこかにないか？」という思いが沸々とわいてきました。

　今まで交流のあった企業関係の方々を思い起こし、株式会社パソナの特例子会社「株式会社パソナハートフル」のゼネラルマネージャー渡部

ひろみさんにすぐに連絡をしました。渡部さんは、「今、採用枠はありませんが、お会いしましょう」と言ってくださいました。渡部さんは、笠原さんの姿や障害状況にも動じず、手話や口話、そして筆談で、何ら支障なく面接してくれました。

　東京の事業所だけで障害者100人以上（全国では200人以上）が働く現場の総責任者である渡部さん。経営者をはじめ、障害のある社員たちから絶大な信頼がある人です。その渡部さんから、「常盤さん、面白い子ね。しばらく実習させてみましょう」というありがたい提案を頂きました。

　実習中は、決して平穏無事ではありませんでした。いくつものトラブルを発生させ、たびたび周囲を困らせましたが、渡部さんは適切に対応してくださり、3カ月後には採用が決定しました。

　渡部さんは、実習で笠原さんの指先の器用さと計算機を操作する能力を見出してくれていました。そして、帳票計算に特化した笠原さんのために新たな仕事を作り出してくれました。

　私にとっても渡部さんが女神のように感じられましたが、最も喜んでいたのは彼の母親でした。

　採用された後は、勤怠状況も問題なく、仕事に熱心に取り組み、上司や先輩の指導のおかげで定着に向け順調に進んでいましたが、徐々に問題も出てきました。

　会社にとっては、本当に難しい存在だったと思います。それでも、S部長の理解もあり、本人の定着に向け努力を重ねてくださり、中でも渡部さんは陰になり日向になり骨を折ってくださいました。笠原さんは、2004年入社以来、今も一生懸命仕事に励んでいます。

試行錯誤の体験談 −(3)
事前対策

叱られた（怒鳴られた）経験がない

　若山健一(仮名)さん当時18歳は、身体障害と記憶低下、そして発汗調整不全の状態の青年です。

　マルイキットセンターは、一度に約250人が商品センターで昼食をとります。さらに、毎日色々な会社の人たちでごった返します。若山さんにとって初めて働く企業の職場で、今まで所属していた福祉作業所とは全く様相の違う雰囲気に圧倒されながらも、何とか慣れようと努力していました。

　その日、若山さんが食堂で並んで待っていると、大勢が並んでいる中に割り込み行為があり、若山さんは大声で「わぁーずるい！」と叫びました。そう言われた子会社で働く職人風の人が、若山さんの大声に反論するように「うるせぇーなこの野郎！」と、罵声を飛ばしました。その声におびえ、青ざめた表情でいる若山さんのところに私は走り寄り、「大丈夫だよ、心配するな、大丈夫だ」となだめ安心させました。

　しかし、若山さんはやさしく大事に育てられており、叱られたこともほとんどなく、ましてや怒鳴られることなど皆無だったために、そのおびえようは大変で、心に大きな傷を負ってしまいました。その日の昼食はしばらく時間をおき、気持ちを安定させてから食事をとらせました。

　このエピソードは、障害者雇用を始める時の「事前対策」として、雇用する障害者が活動する周囲の人たちに、組織を通じて事前通知をきち

んと出して理解と協力を要請し、周知徹底しておくべきであるとの教訓をもらいました。

　また、若山さんが採用後間もない時、東山節子(仮名)さんと２人で連れ立って出勤して来た時のことです。商品センター前の信号が赤信号だったため、手前で大通りを横切ろうとすると、そこへ大型トラックがかなりのスピードで走ってきて危うく大参事になるところでした。それを目撃した他の部署の係長が、２人を呼びつけ強い口調で注意を与えました。心に強い衝撃を受け、心が癒されぬまま仕事を始めた若山さんが、急に倒れてしまいました。この事件は幸い大事に至らず結着しましたが、発端となったのは、「障害者を理解しないまま一般の人と同様の叱責」が引き起こした悪い実例でした。

　私は、マルイキットセンター開設前に各営業所を巡回し、この業務に対する理解と協力をしっかりお願いしましたが、全ての人たちに浸透させることは非常に難しいことだったのです。

　また、ことばの使い方でも同じような問題があります。ある時、職場で数人の知的障害者たちと対話をしていました。そのうちの１人がつじつまの合わない発言をしたので、私はつい何気なく「馬鹿言ってんじゃないよ」と言ってしまいました。するとちょっと間をおいて、「所長、今僕のことを"馬鹿"って言ったね！」と怒り顔で追求してきたことがありました。

　思わぬ反応に驚きましたが、まずは謝り、それからその意味合いをゆっくりと説明すると徐々に彼も理解してくれました。文脈的には、本当に"馬鹿"にしているわけではないのですが、彼はそのことばに、敏感だったのです。改めてことばの使い方に気を付けなければと感じました。

試行錯誤の体験談 －（4）
職場定着

行政と企業で大芝居を打つ

　入社以来、色々な形でトラブルを引き起こし、常に職場の中で話題となる言わばトラブルメーカーである竹松春次(仮名)さん。出勤途中も、仕事中も、休憩時間も、時を選ばず自分の思いを遂げたい一念で、他人の迷惑を顧みずいくつもの迷惑行為を繰り返していました。職場運営に支障がないことなら大目に見るのですが、許しがたいことはその都度厳重に注意してきました。しかし、2、3カ月も経つと再発してしまいます。

　そこで、家族の協力を得るため母親に来てもらい話し合いました。しかし、残念ながら母親も問題の深刻さを理解せず、真剣に子どもを改善しようという姿勢にはなってくれませんでした。

　その後も改善が見られません。そこで私は、公共職業安定所の方にご協力を頂き、大芝居を打つことにしました。呼び出しを受けた母親は、竹松さんを伴い重い表情で池袋の公共職業安定所へ来ました。会社側からは私が出席し、統括指導官のリードで、業務遂行判定会議が開かれました。

　まず、私からこれまでの就労期間での通勤途上や勤務中に発生させた出来事とその経緯を報告し、定着管理の大変さをアピールしました。

　次に、F統括指導官から本人に事実かどうかの確認があり、事実とわかったと同時に、大変強い口調で本人と母親に向かって次のように述べました。

「竹松さん、あなたは自分勝手に自分の気の向くまま好き勝手に行動している。言語道断です。すぐ辞めなさい」、「お母さんにも一言申し上げますが、お子様を育ててこられたご苦労はよくわかりますが、これだけ会社に迷惑をかけていることを心に留めて、出直しするべきだと思います」。

　そのことばに私が、「そうですね。そうなれば私も少しは楽になり、他の障害者に深く関われるので……」と言うと、母親が立ち上がり、「ちょっと待ってください。辞めさせないでください。お願いします。辞めさせるのは待ってください」と、真剣な面持ちで懇願してきました。竹松さんも、「ごめんなさい、すみません、クビにしないでください。辞めるのは嫌です。もう悪いことはしませんから許してください」と、本気になって許しを求めてきました。

　２人の真剣な詫びに"心の底から反省させることができた"と思い、私が「親子が揃って反省しています。もう１度チャンスを与え、やり直しをさせたいと思うのですがいかがでしょうか」と、Ｆ統括官にことばを求めると、「常盤さんがそこまで言うのなら、条件を付けて親子の願いを受け入れることにしましょう。いかがですか」と、厳しさを込めた情のある締めくくりのことばに、親子は胸をなでおろしました。

　その条件は、（１）悪いことは二度としない、（２）他人に迷惑をかける行為をしたら退職してもらう、（３）家庭でも勤務に関心を持ちリアルタイムの対応をする、（４）職場と家庭と職安とが一体となって指導する。

　行政と企業が、立場を逆にして行動に出たことが功を奏し、竹松さんの大反省と母親の意識改善と職場への関心を持ってもらうことに成功して、竹松さんは安定した職場生活を送れるようになりました。

2章　試行錯誤の体験談　57

試行錯誤の体験談 －（5）
対 応

ことばの理解、"謝る＝土下座"になる

　　F社で定着支援アドバイザーをしている時の話です。知的障害のある社員が、「常盤さんから"土下座しろ！"と、威圧的な指導をされた」と訴えていると、社内中で大騒ぎになりました。

　　私のことをよく知ってくれている人事部の人たちは、「常盤さんがそんなことを言うはずがない」と否定してはくれましたが、その情報は現場から本部へとたちまち流れ、人事部としてもその真偽を確認するために動き始めました。私は指導内容を聞かれましたが、何度振り返ってみてもそのような指導はしていませんでした。

　　どうしても腑に落ちないので、その障害のある社員が所属している就労支援センターの担当ジョブコーチに状況を説明し、まずはジョブコーチから真偽を確かめてもらうことにしました。しかし、その結果も残念ながら、本人は「常盤さんから"土下座しろ"と言われた」と言っているとジョブコーチから報告がありました。大変落胆すると共に、私の中に疑心暗鬼の思いがわき起こってきました。

　　自分で、本人に会って確かめるしかありません。早速面接をし、先日の発言を確かめてみると、私に対しても「"土下座しろ！"と言われた」と主張してきます。

　　この社員は、中度の自閉症があり、入社して約1年経っていました。入社当初の勤務態度は大変素直で、清掃の仕事も一生懸命指示通りに取

り組み、評判が良かったのですが、3カ月が経過したころから、マンネリからか集中力が欠如し、手抜きをしたりなど、仕事にムラが出てきてパフォーマンスが落ちてきていました。

　何度か改善を試みたのですが、注意や指示も素直に聞き入れず、口答えや反抗的な態度を取るようになってきました。彼は、「僕は、褒められることが大好きで、注意されたり、叱られることは大嫌いです」と言い切り、次第に仕事への意欲も欠如してきました。

　さらに、女性スタッフに対しセクハラ的な行為をするようにもなってきたため、就労支援センターと連携しての改善をすることになりました。このような経緯で、私が改善の糸口をつかむために指導をすることになり、その時に土下座騒動が発生したのです。

　改めて、土下座がいつどのように発生したのかを解明するため、私は本人とのやり取りを再現することにしました。すると、土下座問題が何なのか、どのように発生したのかすぐにわかりました。

　それは、結局"ことばの理解"の問題でした。再現をしていく中で、以下のようなやり取りがありました。

　私：「注意されたり、叱られたら、すみません、ごめんなさいと素直に謝りなさいと言いましたね」。

　本人：「そうです。"土下座しろ"と言いました」。

　つまり、彼の認識としては、"謝る＝土下座"だったのです。この件は、社内はもちろん就労支援センターや保護者にも正しく伝わり、終結しました。

　この事例から学んだことは、「ことばがどのように理解されているか深い関心を持って対応するべきである」ということでした。

試行錯誤の体験談 －（6）
指 示

"わかっているはず"は危険

　マルイキットセンターの大きなビルの脇に、小さな公園がありました。その公園の使用権と管理の仕事を、会社からもらいました。そこで、月に１回、外の大掃除ということで草むしりをしていました。各自のテリトリーを決めて、いっせいに掃除します。一人ひとりに担当者が付くわけにはいかないので、送り出してからはみんなに任せていました。

　その中にいた、自閉症の佐藤弘(仮名)さん。かなり奥の方へ行って一生懸命やっていました。「頑張ってやってるな」と思って佐藤さんのところへ見に行ったら、緑色であるべき芝生の場所もみんな茶色く土色になっています。なんと、２畳分くらいの芝生がむしり取られていました。

　私は、思わず怒鳴るように「何やってるんだ！？」と聞きましたが、「僕、草むしりやってるんです」と、何のためらいもない返事が返ってきました。

　あきらかに指示の失敗です。相手の能力や理解力をきちんと掌握すること、そして、現場で具体的に「抜いて良いもの、抜いてはいけないものを実物で明確な指示をすること」が必要だったと反省しました。

　このように、「まさかそんなことをするはずがないだろう」と思う出来事は今までいくつも発生していました。一般常識では、「そんなことはわかっているはず」とこちらが思うことが、実は彼らにはわっていなと認識しておく必要があるのです。

試行錯誤の体験談 −（7）
コミュニケーション

捨てられたカミソリ

　老人ホームの室内清掃を担当している、ある生真面目な知的障害者の青年がいました。彼は良く働き、周囲からも評価の高い好青年でした。

　ある日、ホームの利用者の洗面台にいつも置いてある電気カミソリがなくなってしまいました。彼に電気カミソリのことを聞いてみると、あっさりと「ごみ箱へ捨てた」と認めました。犯人もわかり、事後処理もでき一件落着でしたが、その返答の仕方に罪の意識は全く感じられず課題が残りました。

　そこで、この青年になぜそのようなことをしたのかを聞くと、「僕は悪いことをしていないのに、あの人はいつも僕を馬鹿にして、文句ばっかり言っている。腹が立っていた。だからカミソリを捨て、困らせてやった」と、平然と言います。この青年に、カミソリの所有者が認知症であることを説明しても、理解できません。日ごろの冷たい対応への逆襲でした。

　もちろん、この青年の行動は決して許されることではありませんが、そこに至るまでの背景、特に一部のスタッフの冷淡な対応も原因となっていました。そして、知的障害者の中には感情を自制できず短絡的に行動してしまう人がいるということを、きちんと認識しておくことが大切です。それらの適切な対応により、円滑な職場運営ができ、ひいては知的障害者を犯罪から守ることにもつながります。

試行錯誤の体験談 －(8)

能 力

秘めた能力
「まさかこれが手書き！」

　開所して１年、視力に障害のあるＴさんが入社してきました。彼は我慢強い努力家で、最上段の表示プレートも背伸びをして目を近づけて読み取り作業していました。
　しかし、このままではいけないと対応策を検討しましたが、表示内容を拡大するには、500枚のマグネットプレート板を廃棄し再購入しなければならず、経費が増大してしまいます。
　その時、私は知的障害者の社員の田中さんが書いた社員カードの文字を思い出しました。「そうだ、田中さんに書いてもらおう！」とすぐさま本人を呼び、同じ大きさの用紙を渡し、「田中さん、Ｔさんが見やすいように、大きくわかりやすくこの用紙に君の文字で書いてみてください」と、頼みました。
　10分後に、「所長、できました」と提出してくれた物を見て驚きました。とても手書きとは思えないでき映えです。本当に見やすくわかりやすいアドレス表示の誕生でした。その後、約３カ月がかりで500枚近いアドレス表示を田中さんは完成させました。
　田中さんのおかげで、はっきり見える表示プレートで仕事がスムーズにできて、Ｔさんも喜んで作業に励み、田中さんは自分の功績を、胸に秘めた自信として働き続けてくれました。あれから25年、毎年、田中さんからのきれいなレタリングの年賀状が元旦に届きます。

試行錯誤の体験談 −（9）
恋 愛

彼氏にデレデレとなって

　障害者雇用の現場でも、恋の炎が燃えて、燃えて、燃えすぎて、トラブルになることが結構あります。

　身体障害者の男性社員と、知的障害者の女性社員が恋愛したことがありました。男性社員とも話しをしましたが、どうやら真剣に付き合っていて、将来のことも考えているということがわかりました。

　ただ、困ったことが起こりました。その女性社員が職場で仕事をせず、彼氏のそばに行ってデレデレとするようになってしまったのです。

　当然、職場では問題になり、責任を感じた彼氏が会社を辞めると言い出しました。最終的には辞めるのではなく、異動して離れ離れになることにより、この問題は解決しました。

　その後もお付き合いしていたみたいですが、結局結婚までには至りませんでした。この男性は、「結婚を前提にお付き合いを許してほしい」旨を彼女の両親に申し入れたのですが、取り合ってもらえなかったようでした。親は、このようなことが起きてもいつまでも子どもだと思っているようで、なかなか子の成長に気付くことができません。この女性社員の父親は、「うちの子が？　とんでもない！　まだ中学生に毛の生えたような子ですから」と、言っていました。しかし、そのような考えは変えていかなければならないでしょう。

試行錯誤の体験談 －（10）

お 金

借金問題から涙の抱擁

　以前会社で大変な借金騒動がありました。障害のある社員同士のお金の貸し借りで、貸した方は人が良く、だまされやすい人柄の中田(仮名)さん、借りた方は普段から嘘が多いトラブルメーカーの竹松春次さんです。

　ある時、彼らと一緒に働いていたパートさんが気付いてくれたのです。仕事中に、荷物の陰で「また貸してくれ」、「帰りに待っている。カード持っているか？」などと話していたのを耳にして、これはおかしいと思ったそうです。

　それと前後し、私のところへ中田さんの親から突然、「息子が竹松さんにお金を貸してしまったようです」と、電話がありました。「金額は？」と聞くと、「70万円です」と、私は、「これは職場運営以外のことなので、親同士で話し合ってほしい」とお話ししたところ、「ケンカになってしまいますので、ぜひ仲裁してほしい」と懇願されました。

　まず、お金を貸した中田さんに事情を聞こうと相談室に呼びました。話を進めると、「最初に3万円、次に5万円、そのあと2万円とことば巧みにお金を引き出させされました」と言います。「それでは、貸した金額や日付のメモか手帳を見せなさい」と言うと、「最初は付けていましたが、後は相手が付けていると思います」との返事でした。

　次に、借りた側の竹松さんを呼びました。「呼ばれた理由がわかるか？」の質問に、本題を避けようとする心根が見て取れました。すかさ

ず少し語気を強め態度でも示すと、観念したように右手で親指と人差し指で丸を作り、「これですか？」と……。私は即座に、「そうだ金だ！君は中田さんから金を借りたな！」と強い口調で言い放ちました。

金額について竹松さんも、「向うが付けていると思います。全体でいくらかはわかりません」と、誠に無責任極まりない答えでした。

これで、貸した借りたがはっきりしました。次は、金額を明確にすることと、借りた側の親がどのように考えているかを確かめることでした。

借りた側の竹松さんの母親は、「50万円位では？」と言います。「借りたお金は、きちんと親の責任としてお返しします」と、明確に答えてくれましたので、貸した側の中田さんの母親を呼び、相談をすることにしました。すると金額について、貯金通帳1年分のコピーから使途不明の合計が70万円であることが確認できたのです。しかし、中田さんの母親は、「先方は50万と主張しているので、満額返してもらえるのは難しいと思います。常盤さんに全てお任せしますので、どうぞよろしくお願いします」とのことでした。

早速、竹松さんの母親を呼び話を進めました。私は、「70万と50万の間を取って60万、ただし借りた側の竹松さんには2万でも3万でもいい、お詫び料を別に用意すること」と提案しました。

お金の返済は、マルイキットセンターの応接間で行いましたが、母親同士が共に、「ごめんなさい」、「ごめんなさい」、「うちの子が貸しさえしなければ……」、「いいえ、うちのバカ息子が借りなければよかったのに……」と涙を流し合いながら抱き合っていました。

私は、ことばで表わせない複雑な思いで見守りました。これで一件落着となり、2人はその後何のわだかまりもなく仲良く働いていました。

試行錯誤の体験談 －（11）

人的環境

一通のハガキ

　国立職業リハビリテーションセンターの訓練生だった和田英樹さんは、訓練修了を待たずに出版会社に就職することができました。障害者に理解の深い上司に恵まれました。

　4年目に入った夏、和田さんから一通の暑中見舞いハガキが届きました。「常盤先生、お元気ですか？」との嬉しい文面のあと、残念な一文「僕は今、就職活動をしています」とありました。すぐに連絡を入れ、何が起きたのか母親に伺いました。すると、「新しい上司の冷淡極まりない対応の日々と、時として邪魔者扱いされるパワハラにあい、息子は耐えられなくなりました」と。

　毎日喜んで出社していた「楽しい職場」は一変して、辛く苦しい職場となってしまったのです。ご両親はこれ以上勤務は続けさせられないと、退職の道を選んだのです。

　その頃私は、職業リハビリテーションセンターから次の仕事、障害者が就職するための訓練、厚労省の「障害者委託訓練」事業の東京都の責任者として活動している最中でした。早速、手筈を整え生命保険会社「マニュライフ」（旧第百生命）に訓練生としてお願いしました。

　和田さんは、自閉傾向の強い人でしたが、真面目で素直な人間性を理解してくれた人事部のＩチーフマネージャーと、心のやさしい女性リーダーは、訓練終了と同時に採用を決めてくださいました。

順調に勤務がスタートし、その年の集団面談会では、Ｉチーフマネージャーとリーダーのサポート役として、パソコン技能を活かし、面接会のお手伝いをして職場で役立つ人になりました。順調な１年が経過する中で、職場の上司や周囲の人たちから可愛がられ、親子共ども喜びの日々でした。

　しかし、２年目に入ったある日、非常に残念な知らせが入りました。カナダ資本のマニュライフが、本国から支配人を送り込んできて、「生産性重視の政策を理由に解雇されることになった」との知らせでした。私は、日本の障害者雇用の理念を強調し雇用の継続を訴えましたが、願いは聞き入れられませんでした。障害者雇用に対する考え方の違いをまざまざと目のあたりにしました。

　その後私は、和田さんの悔しい思いを晴らそうと考え、たまたま私が会社設立に関わった同じ業界である第一生命保険の特例子会社「第一生命チャレンジド」へお願いしたところ、本人の資質、能力が認められ採用されることになりました。

　和田さんは、「第100位から第１位」になったと喜び、ここでも国立職業リハビリテーションセンターで培ったパソコン技能を活かし、顧客管理部門におけるDM発送や事務処理業務に役立ち４年間勤務しました。

　しかし、精神面の苦労からか体調不良が続き、退職を余儀なくされ残念な結果となりました。それ以来、自宅に近い障害者訓練のフリースクールに通い、就職活動を続けた後、今は地元の就労支援Ｂ型で作業訓練に励み安定した日々を送り、次の就労を目指して頑張っています。

　このエピソードで、私が最も大切だと思う教訓は、「受け入れ体制」の確立です。その中でも、人的環境の整備は最重要だと思います。

第2部

ノウハウ編

知的障害者雇用成功のポイント

　障害者雇用に携わった25年間、実に様々な出来事がありました。どうしていいのか戸惑うことも、とんでもない失敗をおかすことも数多くありました。

　第2部では、どうすれば障害のある人も共に企業で働くことができるか。企業はどのようなことを配慮すべきか。また、働く側もどのようなことを準備すべきなのかをお伝えします。

　3章では、知的障害者の共通する特徴から、社会生活、職場での課題、活用できる良い点をまとめ、それらを活かした「間違いにくいシステム」の流れを。4章では、障害者の特徴を踏まえた職場作り、環境作り、対応などをまとめた「障害者雇用を成功させる8つのポイント」をお伝えします。

3章

知的障害者の行動特徴と配慮したシステム作り

　3章では、知的障害者の共通的特徴である、いくつかのウイークポイントについて社会生活上と職場での業務遂行上の課題への配慮と対策を考えてみます。また、知的障害者の魅力である優れている良い面についてもお話しします。そして、それらのウイークポイントを配慮したシステムの流れを紹介します。

1　生活習慣と社会生活上の課題
2　職場における業務遂行上の課題
3　優れている良い面
4　間違いにくいシステムと作業の流れ
　　－ ウイークポイントとグッドポイントから －

知的障害者の行動特徴

1
生活習慣と社会生活上の課題

知的障害者には、ここに示すいくつかの共通のウイークポイントや個々に持つ個性があります。そのウイークポイントを持ちながら社会の一員となり、社会生活や企業などで色々な仕事に就き、職場生活を送ることになります。その新しい生活では、今までの育つ環境から脱皮しなければなりません。しかし、それは大変難しいことです。受け入れる職場では、それらの障害への理解と配慮が非常に重要な課題となります。

● 生活習慣と社会生活上の6つの課題

（1）社会人の常識・あいさつ
（2）身辺処理と清潔維持
（3）職場環境や人間関係などになじみにくい
（4）働く意欲に欠ける
（5）意思表示がにぶく気配りができない
（6）機転や応用が利かない

知的障害者の行動特徴
1. 生活習慣と社会生活上の課題

課題 1 −(1)

社会人の常識・あいさつ

ウイークポイント

社会人の常識としてのあいさつや返事、そして円滑な人間関係を作る感謝や反省の気持ちを、スムーズに表せない。社会人としての常識に欠けている。

配慮と対策

従業員には、社会人としてのマナーや責任感が求められます。知的障害者には、特に職場適応と社会性の教育を継続的に行う必要があります。日常業務のスケジュールの中に、毎日少しずつでいいので社員教育の時間を組み入れることが必要です。年間の職場運営指針や月間目標、そして週間テーマを決め、実行することが重要です。

課題 1 ー（2）

身辺処理と清潔維持

ウイークポイント

生活習慣である「身辺処理と清潔維持」は、社会生活の中では基本中の基本ですが、それができない人やできない時がある。

配慮と対策

採用時に、面接や実習、トライアル雇用などで見極めができていたとしても、採用後に身辺不処理や不潔臭が発生したり、自主通勤不能等々の変化が発生することがあります。どんな小さなことでも、保護者や学校、就労支援機関と連携してリアルタイムに対応し改善、努力することが大切です。

知的障害者の行動特徴
1. 生活習慣と社会生活上の課題

課題 1 −（3）

職場環境や人間関係などになじみにくい

ウイークポイント

家庭や学校や地域での人との交流が少なく、対話力に欠けている。そのため、スムーズな人間関係を作り出すことが難しい。

配慮と対策

職場における社員間の交流の場（朝礼、食事、休憩、パーティー、スポーツなど）を活用し、その力を養わせることが有効です。例えば、朝礼では発表の時間をとり、食事、休憩タイムにはみんなが集える仕組みや社内行事に積極的に参加させることで、対人交流の力を付けることができます。

課題 1 －（4）

働く意欲に欠ける

ウイークポイント

「自分から進んで働こうとする心構え」が、未完成な人もいる。「働く」という行為が何であるかを、仕事を通して教える必要がある。

配慮と対策

働くということは、「辛く大変なこと」ではなく、人間としての「大きな喜び」のひとつであることを教え、働くことにより、「人の役に立ち、頼りにされる」という別の喜びを実感させることが大切です。例えば、学校や家庭での「手伝い」や「役割り分担」などのように、職場でも「仕事」として教え込むことが必要です。その動機付けとして、業務の実績や役割り分担などの遂行成果で表彰制度などを設け、意欲向上に結び付けることが効果的です。

知的障害者の行動特徴
1. 生活習慣と社会生活上の課題

課題 1 —（5）

意思表示がにぶく気配りができない

ウイークポイント

コミュニケーション能力が低く、心の中にある気持ちや伝えたいこと、自分の考えなどを表現することができない。また、周囲の人や周りのことに無関心で、協調性に欠ける。

配慮と対策

「人間は、訓練次第で変えられる」ことを信じ、一人ひとりの特徴をつかみ、それに合わせて、時間をかけて伝えたいことや心の中にある思いを引き出して表現させる。また、気配りは期待するのではなく、起きた事象についてその場でゆっくりわかりやすく指導することが必要です。

課題 1 －（6）

機転や応用が利かない

ウイークポイント

突然の出来事に即座に対応することは、大変難しく、日常生活の中でも、「気付いてやってほしい」と思うこともできない。また、現状の物やことを用いて変したり改善することが難しい。

配慮と対策

一般の人の尺度で臨機応変な行動を望むのではなく、日常生活や職場の中で発生が予測される事象に対して、事前に対処方法を訓練しておくことが大変重要です。特に、電車の遅延や交通事故などと、地震発生時の訓練は定期的に実施しておく必要があります。

知的障害者の行動特徴

2
職場における業務遂行上の課題

　この項では、業務を遂行する際に弊害となるウイークポイントへの対策についてお話しします。

　まず、そのウイークポイントをきちんと理解し、その弱点を改善するのではなく、それを業務からはずし、持っている能力をフルに活かすにはどうすれば良いかを考えます。そして、できないならば、「どのようにすればできるか」創意工夫し業務を組み立てることが仕事作りの基本であり、業務をスムーズに遂行させるキーポイントであることを理解して頂きたいと思います。

● 職場における業務遂行上の7つの課題

（1）判断能力がにぶくのみ込みが遅い
（2）数や計算に弱い
（3）記憶力と理解力が低い
（4）持続力と体力が弱い
（5）適応力に欠け融通が利かない
（6）敏速性に欠ける
（7）抽象的なことや複雑なことは理解できない

課題 2 -（1）

判断能力がにぶくのみ込みが遅い

ウイークポイント

簡単なことや具体的なことは判断できるが、複雑なことやあいまいなことばは理解できない。発生した状況を感じ取る力がにぶく、それを判断し自主的に行動することが難しい。

配慮と対策

作業を見やすくわかりやすく簡単明瞭（一目瞭然）にすることが、一番の対応策です。例えば、複雑な一連の作業でも、工程を区分しそれぞれの区分を「自己判断を避け、具体化と単純化して、連続して実施する」ことにより、作業は可能になります。そして、繰り返し実行することにより身に付き、業務が遂行できるようになります。

知的障害者の行動特徴
2. 職場における業務遂行上の課題

課題 2 －（2）

数や計算に弱い

ウイークポイント

数への理解力が低く、計算では、引き算と割り算が苦手。特に、量の表示の1/3や、75％などといった、分数やパーセンテージ（％）などが最も困難。

配慮と対策

弱点である百、千、万という数の概念や加減・乗・除を問題にするのではなく、仕事のうえで数や計算力を求めない工夫をすることが大切です。例えば、5個ずつ並べて数えやすくする、量を計る時、重さではなくカップ一杯とする、タイムは砂時計を使う、重さの測定は計る位置に印を付けるなど、計算しなくて良い工夫で、仕事を上手に進めることができます。

課題 2 −（3）

記憶力と理解力が低い

ウイークポイント

覚えることが苦手で、前日にやったことをを忘れてしまい、再度教えないとできない。また、ことばでの説明や指導に対しても理解やのみ込みが遅い。

配慮と対策

記憶力や理解力が弱いことへの改善は非常に難しいので、一人ひとりの覚えられることや理解できることの最大限を確認し、業務の内容を能力に合わせて組み立てた「人に合わせる仕事作り」が大切です。また、業務中に覚えたり考えたりすることを不要にする仕組みを作り、作業参加ができるようにすることが重要です。

知的障害者の行動特徴
2．職場における業務遂行上の課題

課題 2 －（4）

持続力と体力が弱い

ウイークポイント

知的障害者は、単純作業は長時間続けられると評価が高いが、職場環境や指導体制によって集中力の欠如や仕事に飽きることがある。

配慮と対策

知的障害者は、頭で働くことより"身体で勝負"と言われています。しかし、物を持つ、運ぶという力仕事の経験が少ないので、取り扱う重量の上限や運ぶ距離などを決めておく配慮が重要です。また、仕事や運動を通じて体力作りをしておくことで、その活動力と意欲の継続で持続力が付きます。その結果、長く勤続することにもつながります。

課題 2 —（5）

適応力に欠け融通が利かない

ウイークポイント

業務スケジュールやルール変更などに戸惑い、他の作業や新しい作業への対応力に欠ける。時としてそれを抵抗する人もいる。

配慮と対策

適応力や融通性に期待せず、職場構築や仕事作りの際、必然的に順応できる仕組みを作る。例えば、作業を図面（写真）化し、順番を明記したり回数ややり方を言語化する。時として業務を組み立てたり、何人かでの共同作業の場合には、それをゲーム感覚で実施できるような仕組みを作ると、より効果的です。

知的障害者の行動特徴
2．職場における業務遂行上の課題

課題 2 −（6）

敏速性に欠ける

ウイークポイント

動作が遅く、手際が悪い。スピーディーに作業を進めることが難しい。急がせると間違いが発生したり混乱する。

配慮と対策

敏速性にも一人ひとり差があるので、業務の内容によって得手不得手を見極め、業務の割り振りをすることが必要です。特にこの面では、人の性格や生い立ちが影響していることもあるので、職場での訓練でその伸び代を伸ばす努力が大切です。ここでも、改善意識と取り組む姿勢が大きな成果を生み出す可能性があります。

課題 2 —（7）

抽象的なことや複雑なことは理解できない

ウイークポイント

場所の指定や数量や行動などで、「あの辺で」や「10数個」や「適当に」などのあいまいな表現が理解できない。

配慮と対策

指示や約束ごとは、単純明快なことが大切で、あいまいなことばは避ける。見た目でどちらか判断しづらい物や事象は使わない。ダブル指示も厳禁です。また、予測される間違えそうなことは、事前に「間違いにくい工夫」をすることが、知的障害者への最大の理解と配慮になります。

知的障害者の行動特徴

3
優れている良い面

　知的障害者のための仕事作りや職場運営についてのウイークポイント対策については、前項で述べていますが、ここでは全く逆の、「優れている良い面」についてお話しします。特に職場生活や業務を行ううえで、それらの良い面をきちんと掌握し活かしていくことが、職場運営では大変重要になります。

▼

● 仕事に活きる優れている 6 つの良い面

（1）大人しく心がやさしい
（2）柔順で良心的
（3）単純作業も根気よく続ける
（4）陰日向なく一生懸命働く
（5）真面目で素直で駆け引きしない
（6）感謝の心を持ち続ける

良い面（1）

大人しく心がやさしい

グッドポイント

知的障害者の中にも色々な性格の人がいますが、総体的に見て、大人しくて心がやさしく、大変穏やかな心の持ち主が多く見受けられる。反面、感受性も高いので、その対応には充分な配慮が必要。

配慮と活かし方

職場作りとその運営にあたっては、そこで働く人たちがやさしい心や穏やかな性格の人たちであることを念頭におき、指導や指示をするよう心がけることが大切です。その人間性を元に職場の雰囲気作りをすることで、アットホームな楽しい職場作りに活かすことができます。

3．優れている良い面

良い面（2）

柔順で良心的

グッドポイント

誠心誠意人に尽くし柔順な性格の人が多い。順序がくるわず正しく従い、素直で人に逆らわない。また、策略を図ったり裏切るようなことはしない。

配慮と活かし方

柔順で素直な人柄の人が多いので、特別な難しい配慮は不要です。しかし、素直に聞き入れたり従うからと、次、次と進めることは禁物です。「わかりましたは、わかりません」につながります。この特性を活かすには、一人ひとりの能力と理解力を確かめることです。

良い面（3）

単純作業も根気よく続ける

グッドポイント

一般の人は、変化のない単純な作業を与えられるとすぐに飽きがきて、不満を言ったりすることが多いが、知的障害者は、ほとんどの人が飽きることなく真面目に根気よく続けることができる。

配慮と活かし方

この、最高のストロング特性とも言えるグッドポイントは随所で述べていますが、あらゆる知的障害者の職場で、色々な形で業務に活かされています。「単純作業を飽きずにコツコツと長時間実行する」という最大級の評価のことばこそ、知的障害者が一般企業に進出できた原点だと考えられます。

知的障害者の行動特徴
3. 優れている良い面

良い面（4）

陰日向なく一生懸命働く

グッドポイント

仕事内容がわかり、自分のなすべき業務が理解できると集中心が生まれ、人が見ている、管理されているなどに関係なく、もくもくと働くことができる。

配慮と活かし方

知的障害者の特性を配慮した仕事では、自分の役割りが理解できることで集中心が生まれて、きちんと業務に取り組みます。そして、業務遂行が役に立っていたり頼りにされていることを知ると、より一層一生懸命働きます。その際には、その働きを当たり前と考えず、その努力に対し褒めたたえることが上司や支援者の重要な役割りです。

良い面（5）

真面目で素直で駆け引きしない

グッドポイント

一般社会では、自助行動や私利のために、能力や知恵を使い駆け引きをすることが多いが、知的障害者は、そのような考えは働かず、素直に行動する。

配慮と活かし方

"真面目で素直"こそが、知的障害者の代名詞と言われるくらい良い特性です。この特性があったからこそ、いくつものウイークポイントがあっても払拭することができ、一般企業での雇用が促進できたのです。さらに、私利私欲や雑念がなく、駆け引きができないところも魅力のひとつです。

知的障害者の行動特徴
3. 優れている良い面

良い面（6）

感謝の心を持ち続ける

グッドポイント

仕事や職場生活の中で一度心が通じ合い、心と心が結び付き信頼関係が生まれると、いつまでも忘れない。反面、嫌悪感や不信感が生まれると、それを拭い去ることは非常に困難。

配慮と活かし方

「何もかもわからぬ子ほど人見抜く」ということばがあります。色々なことがわかっていない知的障害者にも、相手の心の中を洞察することがあります。職場運営の中では、色々なやり取りや出来事が発生しますが、それらの中で相互に理解する努力をすることで、心と心の結び付きが生まれます。好感情で結ばれた感謝の心を、彼らはいつまでも忘れません。

知的障害者の行動特徴

4
間違いにくいシステムと作業の流れ
― ウイークポイントとグッドポイントから ―

　企業として、初めて取り組む知的障害者の多数雇用を実現させるためには、障害者一人ひとりの個性と知的障害者に共通するウイークポイントを理解することが重要な課題でした。その知識と経験が全くない私は、東京都心身障害者職能開発センターでの10日間の研修の中でそれらを知ることができました。

　ウイークポイントを知ると共に、それらは「簡単には直せない」ことで、直せないなら「どのようにすればそれを克服できるのか」を学ぶことができました。そして、「創意工夫をすることの重要性」に気付かされました。

　だからこそ、知的障害者の多数雇用を可能にする、「単純化を最優先に、自己判断部分を極力少なく、見やすく、わかりやすく、間違いにくいシステム」を作り上げることができたのです。

　3章の最後に、東京都心身障害者職能開発センターでの研修から構築された、マルイキットセンターのシステムと作業の流れを紹介します。

4. 間違いにくいシステムと作業の流れ

【東京都心身障害者職能開発センター・事例1】
（自閉症・8人）

● ピックアップ指示書内容

> 電池の大を3本、小を5本もってきてください

　備品棚にある電池は、大（単1）は2本で1パック、小（単3）は4本で1パックです。作業結果は、8人が4通りを示してくれました。

　1番目の人は、指示書を持って棚の前に行き、30秒ほどで判断を下し、大3パック（＝6本）、小5パック（＝20本）を持ち帰りました。

　2番目の人は、棚のところまで勢い良く足を運び、考える様子もなく大を2パック取り、2パック共バラし4本としてから1本を棚に3本をカゴに入れ、小の方も2パックをバラし8本として、先に3本を棚に戻し5本をカゴに入れ、大3本、小5本 を持ち帰りました。

　3番目の人は、他の人と同様カゴと指示書を持って棚のところへ行きましたが、指示書を何度も何度も読み返し5分ほど時間をかけ、1番目の人と同じ大3パック小5パックを選びました。

　4番目の人は、7、8分考え込んで、とうとう立ち往生してしまい、先生が「これ以上は要求しない方が良い」との結論が出されました。

　あとの4人も時間はかかりましたが、1番目、2番目の人と同じ結果でした。

　全体では、パックでピッキングした人が4人、バラして1本単位にした人が3人、全く判断できずに終了した人が1人、という結果でした。

【東京都心身障害者職能開発センター・事例2】
(自閉症・8人)

● ピックアップ指示書内容

> ペンチを6本もってきてください

　1番目の人は、ペンチの棚の位置は充分知っていて、小走りで棚のところに行き、ペンチをカゴに取り帰ってきました。テーブルの上に並べるよう指示すると、ペンチをきちんと並べてくれました。数えてみるとペンチは7本でした。

　2番目の人は、ペンチの棚は良く使用する道具なのですぐに棚のところまで行き指示書をしっかり見たようでしたが、持ち帰ったペンチをテーブルに並べると、数はきちんと6本ありました。しかし、ペンチとヤットコとプライヤーがミックスされていました。

　3番目の人は、指示書を渡されるとその場で「ペンチ6本、ペンチ6本」と唱えるように口ずさみ、訓練室を一周すると前の2人と違うところへ行き、高い棚へ手を伸ばし、何かを取り出しカゴに入れ持ち帰りテーブルに置きました。見ると、それは**真新しいペンチ6本が入っている**セットでした。

　この時、私は狐につままれた思いで唖然としているとT先生は一言「彼は徘徊魔で常日頃色々なところを見ているので新しいペンチが保管されていることを知っていたのだと思います」。これも秘めた能力なのかという思いでした。

知的障害者の行動特徴
4. 間違いにくいシステムと作業の流れ

障害特性の理解と配慮と改善

　この「電池とペンチ」のピックアップ作業の事例の中には、知的障害者の障害特性から発信してくれた「仕事作り」「職場作り」に対するいくつもの教訓を見出すことができます。

1－ 指示書

問題点

文章からの判断は、読み違いや判断違いを起こす

改善案

- 具体性と単純化した指示にする、記号化がベスト
- 1枚の指示書でダブル指示は避ける
- 助数詞を使わず〇〇を1や2とする

【例】　　デンチ　　　ダイ3

2 － 在庫棚

問題点

指示書と異なる数量の在庫状態、類似品があり混乱する

改善案

・指示書に合う在庫状態にする
・類似品を全て分散して配置

3 － 特性

問題点

自己判断をするのは難しく、疑問の質問もしてこない

改善案

・見やすくわかりやすくを全てに取り入れる
・作業しやすい環境を作る

知的障害者の行動特徴
4. 間違いにくいシステムと作業の流れ

共通する作業ウイークポイントの現場対策

① 数を数えることや計算することが苦手対策

- 枚数を数えるのではなく、厚さや重さや分量で確認する
- 5の単位を活用する

500枚ロットを100枚ずつに小分けした包装紙

5個、5冊単位でわかりやすく並べた事務用品

② 的確な判断が苦手対策

・わかりやすい棚、商品管理

A、B、C……区分のアドレスコード

類似品を分散配置した用度品棚

③ 迅速に物事をこなすことが苦手対策

- その人のペースに合わせる
- より単純な作業をやってもらう

ピッキング風景

ベテランの積み込み模範演技

④ 記憶することが苦手対策

- 複数の指示をしない
- 可能な人には、メモを取らせる

⑤ コミュニケーションが苦手対策

- 会話が必要のないシステムを作る
- ミーティングで、自分なりの発表をしてもらう

朝のミーティング風景

知的障害者の行動特徴
4．間違いにくいシステムと作業の流れ

実際の業務の流れと配慮・工夫
マルイキットセンター・ピッキングシステムの流れ

● 出荷作業

1．ピッキング作業

① ピッキングカードを店別・アイテム別に区分し、ピックアップ担当者に2枚ずつ渡す。

② ピッキングカードの以下の情報を見て商品のピックアップをする。
　（1）棚の場所（「アドレスコード」）
　（2）商品　⇒「ブモン（商品の分類）」
　　　　　　　「メイサイ（商品ナンバー）」
　　　　　　　「メイサイメイ（商品名）」
　（3）数量　⇒「スウ」
　（4）納品先　⇒「テン（店名）」
　　　　　　　　「フロア」
　（5）手運びができないピッキング内容の場合は、台車を使用する（自己判断）。

③ ピックアップした用度品・事務用品をフロア別の区分台に置く。

配慮・工夫

・カードは自由に取らせると争いになるなど作業が滞るので、スタッフから2枚ずつ渡す。
・表示の単純化：棚や商品に、アルファベット・カタカナ・数字のみで記号化。
・類似品は間違えてピックアップしやすいので、分散して配置。
・自分でできることはなるべくやってもらう。

↓

2．検品作業

④ ピックアップされた商品の正誤を確認するため、店別検品リスト表に基づき検品作業を行う。

配慮・工夫

・ピッキング作業でのミスをカウントして、月々の個人評価に反映。

作業目標を設け、成果表で表示

3．梱包・積み込み作業

⑤ 大きな物は結束機で縛り、小物品はデリバリーボックスに詰め込み、店別に区分する。

⑥ 梱包された商品を店別にカゴ車に積み込む。商品は長い物、四角い物、丸い物、平たい物など、様々な形状があり、混載する際、工夫や判断を要する。

配慮・工夫

・積み込みは大変難しい作業なため、訓練を徹底して行った。その結果、精度の差はあれ全員できるようになった。また、知的障害者の中から、積み込みの先生となる人も輩出した。

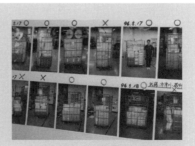
カゴ車積み込み作業の良否を表示

知的障害者の行動特徴
4. 間違いにくいシステムと作業の流れ

4．カゴ車の運搬

⑦　商品が積み込まれたカゴ車を接車バースまで運搬する。

配慮・工夫

- 事故防止のため、カゴ車の2人操作を義務付け、さらに技術を考慮したうえでペアを組ませた。
- 空き時間に訓練も実施した。

カゴ車を2人で運ぶ

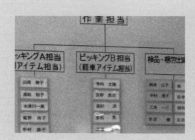

担当表

店別ピッキング状況表

入荷のままストックされた重量物

終了した個人別ピッキングリスト棚

● 入荷作業

1．入荷作業

① カゴ車を１階から２階のキットセンターまで運搬する。

② まず、スタッフが入荷商品の品名・数量を確認しその補助をする。重い物についてはカゴ車から降ろさずに検品する。

③ 検品後、所定の位置に棚入れする。ただし、重い物についてはカゴ車のまま在庫スペースに保管する。

配慮・工夫

・入荷商品は、形状も大きさも様々なため、数量を確認することが難しいこともあり、その場合、スタッフが解説をしながらトライしてもらう。

入荷作業

↓

2．小分け作業

④ 入荷単位を受注単位に小分けする。まず、スタッフが数量を数えた受注単位のサンプルを作り、知的障害者の社員は、そのサンプルの高さに合わせて高さをセットをする。

配慮・工夫

・基本的に小分けの判断・指示は、スタッフが担当し、作業は主に知的障害者の社員が担当する。
・枚数を数えるのではなく、厚さや重さで確認する。

4章

知的障害者雇用を成功させる8つのポイント

25年障害者雇用に携わり、体験した実践の中で学んだ職場運営の基本ポリシーを「**規律・仕事は厳しく、職場は楽しく**」として、まとめた8つのポイントをお伝えします。

ポイント1　障害の特性を配慮する
ポイント2　職場運営責任者と現場担当者の人選
ポイント3　障害者の仕事・職場を作る
ポイント4　意欲向上を図る職場作り
ポイント5　社員教育
ポイント6　職場"定着管理"
ポイント7　会社全体の理解と協力を得る
ポイント8　社員とのコミュニケーション

ポイント1

障害の特性を配慮する

　3章でお伝えしたように、知的障害者には特有の共通するウイークポイントがあります。それは、一般の人と比較すると「どうしてわからないの？ どうしてできないの？ 何故そんなことをしてしまうの？」など、理解できないことが発生します。それらの要因であるウイークポイントを良く理解し、その配慮の元、仕事作りや職場運営することが障害者雇用の原点になります。

● 障害特性を配慮する5つのポイント

（1）共通するウイークポイントを理解する

（2）指示は、具体的に単純化する

（3）根気よく指導

（4）秘めた能力を発見し、褒め、活用する

（5）知的障害者の社員、本人から学ぶ

（1）共通するウイークポイントを理解する

　特命として受けたミッションが、私に課せられた丸井勤務最後の大役であると心構えを固めスタートしたものの、右も左も全くわからない新分野でした。一番にやるべきことは、「障害者を知る」ことだと考え「障害」と名の付くありとあらゆるところへ出向き、たくさんの方々からご指導を頂き、障害者の特性を知ることの重要性を知りました。

　それを教えてくれた極めつけが、東京都心身障害者職能開発センターでの研修で出会った知的障害者の人たちでした。その際の貴重な体験の中で、本人たちから直接学んだいくつものウイークポイントを理解し、それらの特性を配慮する創意工夫をしました。

　その結果、私はマルイキットセンターでピッキングシステムを構築することができたのです。

　もちろん、知的障害者全ての人に当てはまるわけではないので、一人ひとりの良い点や苦手な点を見ていくことも重要です。

（2）指示は、具体的に単純化する

　前途に記したように、知的障害者の社員の「はい、わかりました」という返事は鵜呑みにしてはいけません。わかっていない時も「はい、わかりました！」と言ってしまうことがあります。"「わかりました」は「わかりません」と心得よ"と認識して、彼らが理解したことをしっかりと確認することが重要です。

　ここで私たちがきちんと理解しておくべきことは、「わかる」と「できる」の違いです。彼らは、指示や指導のことばに対して「わかりました」と答えたのであって、それが「できます」と答えたのではない、ということです。

　理解できるような指示のあり方は、具体性と単純化が大切です。ましてや知的障害者に、自己判断をしなければならないような指示はやめましょう。

　例えば、何かを測る時に、何となく「このくらい」とか「目分量で」とかは理解できません。待ち合わせの時に、「あの辺で」とか「〇時ごろ」というあいまいな表現も通じにくいです。本人は、混乱してしまいます。

　具体的に単純に、指示・指導をしていかないと、本人は理解できず、戸惑いながらストレスを溜めていくというようなことにつながってしまいます。しかし、理解する能力は人によって違ってきます。一人ひとりの理解力に合った指示の仕方も重要です。

（3）根気よく指導する

　山本五十六の有名な語録"やってみせ、言って聞かせて、させてみて、ほめてやらねば人は動かじ"はご存じでしょうか。人を育てる時、特に障害者の育成、教育にはこの発想が必要になります。私はこのことばの重要性に共感し、店長時代から職場で健常者に対してもこの方法を徹底実践してきました。

　例えば、紙を折る作業を指示する場面を想定してみます。「こちらの端を持って、こちらへ向かって、真ん中に合わせるのですよ」と教えたとしても、「真ん中」の意味や具体的な位置がわからない人もいます。わからなければ、自らやってみせるのです。また、一緒に物差しを使って測ったり印を付けたりして、それを何回も何回もやってもらうのです。

　「やってみせ」は、自分でやってみせる。「言って聞かせて」は、しっかり説明する。「させてみて」は何回も何回も繰り返すことです。繰り返し繰り返しやることによって、体が覚え理解も進みます。何度でも癖が付くまでやってもらうことが重要で、今までもそれによって、できなかった人ができるようになる例がいっぱいあります。

　根気よくやる訓練こそ本人を成長させます。まさに、「訓練次第で人は変わる」のです。

（4）秘めた能力を発見し、褒め、活用する

　知的障害者の色々な可能性があることを信じて、秘めた能力を発見し、引き出し、それを充分に発揮してもらう。それができたら、見逃さず褒める。人間、誰でも褒められることはうれしいものです。

　しかし、知的障害者はその機会が少ないです。そこで、どんな些細なことでもしっかり褒めます。本人は、褒められ認められることに大きな喜びを感じ、自信を持ち、さらなる成長にもつながります。

　成長につながった事例は、たくさんあります。**長所・短所を心に留めて、隠れた秘めた能力を発見し、認めて伸ばせ小さなことも**、という発想が重要になります。

　自閉症の池田さんは、確かに衝撃的に事件を色々起こしてくれましたが、実は大変きれい好きで、整理整頓では誰にも負けない力を発揮しました。芝生をむしってしまった佐藤さんも、とても几帳面で片づけをさせたら天下一品です。そういう得意なこと、良いところを発揮してもらって、「君のおかげでうまくいったよ。きれいになったよ」と褒めることが、本人にとってはすごく嬉しいのです。

　その他にも、レタリングの技術で職場に貢献して以来、それを誇りに働く田中さん。老人ホームで一般職員と同等に勤務できる井森さんは、潜在能力と働く心意気をを褒めたことで、「僕は人の120％働きたい」と言って、働き続けてくれています。

（5）知的障害者の社員、本人から学ぶ

　個別的特性の理解やそれを踏まえた配慮を展開する際に大切なこととして、本人から学ぶことを強調したいと思います。

　そもそも「知的障害者」といっても、みんな同じではありません。知的障害者には、全体に共通する特性がありますが、それだけではなく一人ひとりに個性があります。その個性を知るためには、一人ひとりとしっかりと向き合っていくことが大切です。

　私自身、職場を立ち上げそして運営していく中で多くの障害者たちと接し、彼らのことが少しずつ理解できるようになりました。それは、彼らから学んできたのです。専門家から教わったわけでもなく、障害に関する専門書から知識を得たのでもありません。**私の師匠は、彼らだったのです。**

　そして、学んだことは彼らにお返ししましょう。彼らの仕事がしやすいように、こちらが学んだことを創意工夫し形にする。それにより彼らは様々な形で人の役に立つことができ、社会に貢献できる人になります。また、彼らから学んだ基盤により、職場は成長、発展していくのです。

ポイント2

職場運営責任者と現場担当者の人選

ポイント1では、障害者の特性について述べてきましたが、ここでは職場を設立するうえで最も重要な職場の運営に携わる担当者の人選、「人的環境」の整備についてお話しします。

● **職場責任者の人選が良い職場を作る要です**

マルイキットセンター設立時の組織計画は、社員5人、パートタイマー5人の計10人体制でした。最初に私の着任が決まって、その後、現場の主任、男性社員、女性社員が決まりました。

さらに、私の代行者、つまり係長職に関して、私は人事部に障害者雇用に理解のある人を選んでほしいと強く願いました。すると、人事部では大変苦慮した結果、障害者採用の専任担当で人事部の係長の岡田さんに決まりました。

マルイキットセンター設立の前から、丸井では既に全店に障害者を雇用するという方針があり、岡田さんは障害者雇用を専門に担当

して関東近辺を回って障害者雇用を促進した人でした。

　人物的にもすばらしく、非常に助かりました。しゃしゃり出たりせずに、全面的にバックアップしてくれました。事務能力も高く信頼できました。組織作りとしては、最高の人を会社が配属してくれました。

　その他、当時は５人のパートタイマーが共に働いていました。そのうちの３人の女性は、商品センターの他の部門で働いていた大勢の中から私が指名した人たちで、私が考えていた人選条件にピッタリ当てはまった方々でした。その中の、岡本さん、中村さんの２人は、大変な職場を支え続け、17年間勤務されました。お２人には、心から感謝しています。

● 障害者たちを陰で支える人たち

　先般マルイキットセンター設立20周年の記念パーティーに参加した時、次のように思い出を語ってくれました。「私たちは、あの職場に着任した時は驚きました。初めて障害者に接したのですが次から次へと色々な出来事が発生し、職場の帰りにバス停や駅で暗くなるまでみんなで話していました。本当に日々が戦いで大変でした。しかし毎日が新鮮で今思うと楽しい、懐かしい思い出です」。そして、「一緒に働いた人たち（障害者）が、20年以上も勤続しているなんて夢みたいです」と、誇らしげに語っていました。

　それだけ情熱を込め日々の努力を重ね、障害者たちを陰で支えてくれていたのだと痛感しました。情愛で結び付いている職場でした。

● 長い目で個々の能力を引き出せる人

　知的障害者の社員は、往々にして様々な個別的特性が見られます。仕事のスピードや持続力、成長力、さらには体力や理解力について、人によって様々です。そこで、共に働く人は「自分の尺度で成果を求めないこと」が重要になります。

　そして、「我慢への挑戦」が必要です。これは、あくまでも周囲の人が我慢するのであって、障害者本人に我慢させるという意味ではありません。自分の尺度で知的障害者が「できていない」と思っても、我慢して待つ、我慢して指導していく。伸びることを願って本人の育成をする。

　かつて、自分の尺度を押し付けてすぐに怒るパートタイマーがいました。「昨日できたのに、なんで今日できないの？　ダメね〜」とバッサリと切ってしまう。これでは本人は嫌になってしまいます。

　また、他の人と比較してしまう人も良くありません。「あんたね、あの子はできるのよ、あんたは何でできないの？」と、要するにその人のできる範囲を勝手に決めつけて、それができないとすぐに責めてしまう。そんな人が過去にいました。結局その人は、知的障害者たちから「あの人、嫌い、イヤだっ！」と、ボイコットされて辞めていきました。

　個人によって、体力や能力は違ってきます。それについて、勝手に自分の尺度で期待値を上げてしまうのではなく、長い目で個々の能力を引き出していくという発想ができることが大切です。

障害者雇用の職場は、物的環境と人的環境の両方が適切に整備されていることが基本的に重要です。さらに言えば、いくら良い設備があっても、最終的には人です。ハートの良い人が揃って、良い人同士が協力し合ってこそ職場はうまくいくのです。つまり、「人的環境」、人選こそが最重要ポイントとなるのです。

　職場で障害者を支えながら業務を遂行する時、一般の職場の運営とは異なる心構えと気配りが必要です。そのため、次のような人間性が求められます。

● 障害者雇用の職場運営に求める人材

職場運営者	**同情するより理解と配慮ができる人** "規律・仕事は厳しく、職場は楽しく"運営ができる人。
職場責任者	**責任感と意欲がある人** 努力と根気、健康で、思いやりがあり、統率力に優れている人。
現場指導者	**心身ともに健康な人** 人間味のある明るい人。熱意があり、忍耐強い人。

ポイント3

障害者の仕事・職場を作る

　知的障害者の社員がスムーズに働けるような職場体制を作る際に一番重要なポイントは、「仕事作り」です。企業が障害者雇用を躊躇する原因として、「障害者にできるような仕事がない」というのが一番多く聞かれますが、「仕事作り」なくして障害者雇用はあり得ません。

　ポイント3では、障害者がそれぞれの障害にとらわれず、持っている能力をフルに発揮し働ける仕事作りと、その職場運営とがスムーズに行えるための2つのポイントを中心にお話しします。

● 障害者雇用の職場を作る2つのポイント

　（1）障害者に合わせた仕事を探し、作り出す
　（2）ヒントを得るために、先輩企業を見学

（1）障害者に合わせた仕事を探し、作り出す

　仕事が「ない」と答えた背景を調べてみると、大半の企業の担当者は、現状の職場へそのまま配属することをイメージします。その結果、「無理だ、できない、仕事がない」ということになります。しかし、障害者雇用を進める際に重要なことは、

- ー「何ができるか？、どのようにしたらできるのか？」から、
- ー「できる仕事を探し出す」そして、
- ー「創意工夫して仕事を作り出す」

という姿勢が大切です。具体的には、社内の色々な職場から、

- １）仕事を切り出す
- ２）仕事を組み合わせて作る
- ３）新たに仕事を作り出す

　「仕事作り」を総合的に考えてみると、**先に職ありきではなく、障害者に仕事を合わせる**という発想が重要です。

　「知的障害者だからといって勝手に決めつけないで！やり方次第でもっと働けるよ！だからもっと私たちを知って！」という強いメッセージを、私は多くの障害者たちから感じ取りました。そして、それらを実践に結び付けることを実現してきました。

(2) ヒントを得るために、先輩企業を見学

　初めて障害者の職場作りに取り組むと、どのように仕事を作り出すか、どのように職場運営をしていくのか迷うことがたくさん発生すると思います。その時には是非、既に障害者雇用の実績がある先輩企業に学ぶことをお勧めします。幸い、この分野で働く人たちの考え方に企業間の垣根はなく、相互に情報交換し、助け合って障害者雇用を促進しようという気運が醸成されています。

　実際に東京都には、「一般社団法人　障害者雇用企業支援協会（SACEC）」や「多摩地域障害者雇用企業連絡会」などがあります。埼玉県には、「さいたま障害者就業サポート研究会」、神奈川県には「NPO法人障害者雇用部会」といった企業の集まりがあります。全国に、同様の組織が存在します。

　これらの組織では、それぞれの雇用状況の発表をし合ったり、ノウハウをわかち合ったりするなどの活動を展開しています。私が見学の仲介をし実際に見学をしたことがきっかけで、障害者雇用がスムーズに進んだ例が何社もありました。「百聞は一見にしかず」です。

　企業見学する場合、雇用形態が大きく2つに分けられるので、双方の障害者雇用の実際を見ることが望ましいと思います。1つは、障害者を雇用するために設立した特例子会社、もう1つは、一般職場に雇用する直接雇用の会社があります。双方を見学することにより、自社の雇用規模と考え方の方向性の見極めができます。

見学する際のポイントは、

> 1）、どのような仕事をしているか
> 2）、働いている障害者の障害種別や障害の等級など
> 3）、人的環境について責任者、指導員、支援者など
> 4）、職場運営について朝礼、終礼、業務管理など
> 5）、開設当初の苦労談など

　さらには、企業を見学するだけでなく、障害者雇用に携わる幅広い人たちとの交流もお勧めします。

　例えば私は、障害者の教育に携わっている特別支援学校の大勢の先生方や生徒、子どもたち、さらにはその父母・保護者など障害者を取り巻く色々な立場の方と触れ合ってきました。特に、当時東京学芸大学の松矢名誉教授が主宰する「進路指導研究会」に企業人として加わり、10年間にわたり企業の立場から学校教育に提言してきました。

　研究会のメンバーは、大半が都立の特別支援学校の進路指導担当の先生方で、生徒たちを社会に送り出す教育現場の第一線の立場で熱心に障害児指導にあたってこられました。そして、その立場で企業と学校の架け橋となって努力を重ねてこられた方々です。大勢の先生方と交流できたことは、私の障害者理解に大いに役立ちました。

　その後、企業で障害者雇用に携わる人たちで結成した「障害者雇用を楽しく考える会（楽しょう会）」のメンバーの立場で、「受け入れる側」と進路指導研究会の先生方、「育てる側」との仲立ちをしました。その結果、双方の距離感を急速に縮めることができました。

ポイント4

意欲向上を図る職場作り

　「仕事が人を育てる」という考えがあります。だからこそ、社員の仕事への意欲をいかに向上させるかが、職場の運営において重要となります。

　マルイキットセンターでは、"意欲向上"につながる3つのポイントを重視してきました。結果、「良くやる、助かる、役立っている」と評価される社員が多く育ち、設立当初入社した社員の半数以上が、25年を超えて現在も勤続するに至っています。

● 意欲向上につながる3つのポイント

（1）良い仲間のいる、楽しい職場作り

（2）相互理解で職場の一体感作り

（3）自然に努力をし合う仕組み作り

（１）良い仲間のいる、楽しい職場作り

　規律や仕事については障害者の職場だからこそ、厳しい指導が必要です。マルイキットセンターでは、業務上の指導は当然のこと、社会人としての常識教育、職業人としての職場適応訓練も実施しました。時間管理をはじめ、健康、安全、身だしなみ、金銭管理などの教育・指導にも力を入れました。

　また一方で、ただ厳しいだけではいけないので「明るく、楽しく活気のある職場作り」をめざして、レクリエーション活動などを実施しました。

　朝のミーティング、ボウリング大会、ソフトボール大会、各種パーティーへの参加、１泊のバスハイクなど、笑いのある楽しい職場運営にも力を注ぎました。

　職場で働く障害者に、「仕事はどうですか？」と質問をすると、「楽しいです」と、ほとんどの人が答えます。それは、仕事が楽しいだけでなく、「友達と話ができる」、「仲の良い友達がいる」、そして、「職場の雰囲気が良い」ことが基盤となっているからこそ、仕事が楽しいのです。

　「良い仲間がいると職場を辞めない」、楽しい職場は、定着の原点です。

（2）相互理解で職場の一体感作り

　職場の一体感作りに大きく貢献した仕組みが、朝礼時と終礼時に行われるミーティングでした。

　朝のミーティングは、「昨日の反省」「今日の指示」「一言訓話」のような話を交えながら行います。一方通行ではいけないので、みんなの意見も求めました。それだけではなく、全社員がプレゼンテーションをする時間を毎日必ず設けました。発表内容はどんなことでも良く、例えば、新聞・テレビなどで見られる社会事象、生活上の出来事の報告、遊びの話、時には仕事改善の意見交換も実施しました。楽しい内容も多く、笑いに包まれることもしばしばで、職場の一人ひとりが一体になり、お互いを理解し合う自己表現の場でした。

　その他に、全員で作った『スローガン』を毎日唱和していました。大切なことは、知的障害者の社員も含め全員で考え、手作りで作ったということです。

　ただし、知的障害者の社員に全てを委ねるのは大変なことなので、我々が大体の骨子を作り、そのうえに肉付けする形で標語を作りました。一部分を空白にしておき、いくつかのことばをこちらで示して、その中から空白に入れることばを選択してもらいました。

　他から押し付けられたものではなく、自分たちで作り上げたスローガンなので、職場の一体感作りに一役買っているのです。今でも、毎日大きな声で唱和することが継続されています。

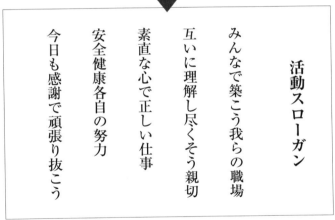

その他にも、職場の一体感を醸成する仕組みとして、毎朝のあいさつ、ラジオ体操、昼休みのレクリエーションなどがあげられます。一体感のある職場であれば、相互に協力し合い、楽しく仕事を続けることができるのです。

（3）自然に努力をし合う仕組み作り

　他の人より認められたい、褒められたい、より貢献したいという意欲はとても大切です。努力をすれば報われることが実感できれば、仕事に対する意欲の向上につながります。そのためには、"競争の仕組み"を取り入れることをお勧めします。

　マルイキットセンター設立当初は、特に競争も目標設定もなく、それぞれのペースに任せて仕事に取り組んでもらっていました。ところが半年ほど経つと、一生懸命やる人、のんびりゆっくりマイペースな人、さぼりがちな人といったように仕事への取り組み姿勢に差が出てきたり、仕事の質も人によってムラが発生し始めました。

　これではいけないと思った時に、売り場で働く人たちが日々努力をしていることを思い出しました。丸井では、店の売り上げ目標や個人目標などを設定し、それを達成しようとする心意気が重視されていました。そこで、マルイキットセンターでも各自のピッキングの数をカウントして公表することを提案しました。

　「そんなの嫌だ」と拒否反応も出ましたが、競争の仕組みを導入し、その結果一生懸命やっていた人はそのまま頑張り、さぼり気味な人は奮起して「われ先に！」と頑張るようになりました。

　しかし、その反面、達成数をあげることにそれぞれが夢中になる中で、ピッキングミスなどの作業上の間違いが多数発生するようになりました。またもやこれではいけないと思い、ミスの回数もカウ

ントし毎月集計して、ワーストの人にはみんなが嫌う仕事（重くて大変な積み込み作業）をしてもらうことにしました。

さらに、ピッキング作業の量、ミスの量を公表し、各自の仕事の成果をあきらかにして、優秀な人を表彰する制度を設けました。つまり、信賞必罰を徹底したのです。その結果、間違いのない作業をしようと真剣にピッキングに取り組むようになり、ミスも減ってきました。全体的に仕事に対する考え方と意欲が大きく向上し、職場全体に良い影響が及ぶようになりました。

その後、さらに半年間の評価を取りまとめ、賞与に若干反映する人事評価制度を導入しました。

賞与の額の差は微細でしたが、そもそも社員はお金よりも自分の仕事の貢献度合いに意識が向いています。仕事の成果があきらかになることにより自信を持ち、さらなる意欲を持って仕事に取り組むようになりました。仕事の達成感を味わい、働く喜びと自信を持てるようになりました。

競争原理の意欲の向上が、自然に努力し合う仕組みを作り、達成感がさらなる意欲となり、働く喜びとなり、さらにそれが「生き甲斐」となって、楽しい職場となるのです。

意欲とは、「積極的に自ら何かをしようと思う気持ち」のことで、他から強要されたり、仕方なくやることではありません。自分の意思で物事に取り組むこと、即ち自主的に働く、勤務し続けることができる人の育成こそ、職場責任者の最も重要な任務なのです。

ポイント5

社員教育

　社員教育は、どこの企業でも実施しています。しかし、障害者雇用の職場では、その職場ゆえに指導していかなければならない大切な社員教育があります。

　それは、「(1) 社会生活能力」と「(2) 職場生活能力」の育成です。まず、この2つの能力を整理します。

　「社会生活能力」とは、簡単に言えば返事やあいさつ、約束を守るといったことや、金銭管理や対人関係などを自分でマネジメントする能力です。**安定して継続的に働き続けるためには、家庭生活や社会生活が安定することが重要**です。

　一般的な職場では、これらの能力のある人を採用しているのでその教育はしません。しかし、知的障害者雇用の職場では、円滑な社会生活が送れるようそれらの指導を継続的に実施することが必要です。

「職場生活能力」とは、「働く場である」「給料をもらっている」「組織の一員である」「役割りを担っている」などの職業人としての認識を持ち、意欲的に勤務を続ける能力のことです。

　社会人として仕事に就いた以上、1人の組織人として、これらのことを守り勤務していかなければなりません。しかし、知的障害者の場合、ちょっとしたことで集中心を失い仕事を投げ出したり、嫌になったり休んでしまったりする人がいます。継続的に「職場生活能力」の指導が必要です。

　ポイント5では、どのように「(1) 社会生活能力」「(2) 職場生活能力」を育成するかをお伝えします。

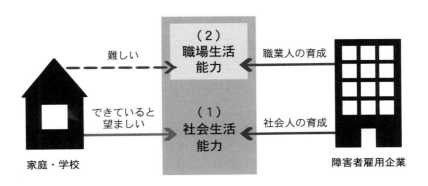

（１）社会生活能力の向上

　社会生活能力の育成については様々な教育のあり方が考えられますが、下の「日常の五心」を基礎にした教育を提案します。
　マルイキットセンターや国立職業リハビリテーションセンターで毎日朝礼の時に、全員で唱和をしました。そして、ただ唱和をするだけでなく、一つひとつの意味を説明したり、個々のことばを事例に当てはめて指導をしてきました。

「日常の五心」

① 「はい」　　　　という "素直" な心
② 「ありがとう」という "感謝" の心
③ 「すみません」という "反省" の心
④ 「私がします」という "奉仕" の心
⑤ 「おかげさま」という "謙虚" な心

　特にこの内の３つ、「はい、ありがとう、すみません」は最も大切な言動です。この３つをいつも使っている人とそうでない人の差は歴然と現れます。素直に人の言うことを聞ける人、ありがとうと感謝の気持ちを伝えられる人、それから注意されたり叱られたりした時に、「すみません」が言える人。こういった人は、職場でも大変大

事にされ、みんなから好かれますし、職場での存在感が高くなります。逆にこのようなことができない人は、職場の中で孤立してしまう危険性が考えられます。

　その他にも、社会生活上必要な能力があります。あいさつ、礼儀、ルール・約束を守る、報連相などです。これらについても日々朝礼や終礼で取り上げたり、個別の指導をしたりすることが継続的に必要になります。

　また、社会生活能力として"5つの自己管理"、「健康」、「時間」、「安全」、「金銭」、「身だしなみ」を自分で管理していく能力も重要です。ただ、これらについては職場を離れた場面、特に家庭では、社会人になったことを認識して指導をしていくことが大切です。つまり、**企業側だけで教育することは難しく、家庭や支援機関との連携**が必要になってきます。

● **社会生活能力向上の3つのポイント**

1）「日常の五心」
2）社会生活上必要な能力
3）5つの自己管理能力

(2) 職場生活能力の育成

　次に、職場生活能力についてです。下の、『「働く」ということ』は、障害のある社員教育のためにまとめた資料で、働く"意味"そして"意義"についてまとめた10か条です。
　基本的には、人は自分の力で生きていかなければなりません。これは、障害の有無は関係ありません。働くことができる人は、自分の力で働いて給料を得る必要と責任があります。

「働く」ということ10か条

1、学校と会社は違う
2、会社や作業所は、仕事をするところ、職場である
3、職場は働いて給料（お金）を得るところ
4、働くことを労働（仕事をする）という
5、一人ひとりの仕事が社会を作り上げる
6、仕事の代償として給料をもらう
7、もらった給料を消費して（使って）経済が成り立つ
8、仕事はそれぞれ違うが、みんな「人のため」になる
9、働くことは大切なことで、納税者となる
10、働くことによって、社会の形成者として社会に貢献

次に、働くうえでの心構えを『「働く人」の心構え10か条』にまとめました。

「働く人」の心構え10か条

1、仕事は、世の中のため、人々のため、自分のためにある
2、仕事では、働く意欲、自ら働こうとする気持ちを持つ
3、職場は、立場の違いが厳しく、働いてお金を得るところ
4、一人ひとり、自分の仕事、自分の責任で仕事をする
5、周囲の人を理解し、周りの人たちと協力し合う
6、少しぐらいのことで怒ったり、嫌になったりしない
7、期待に応えられるよう、与えられた業務を一生懸命努力する
8、仕事は正確に早くやる、会社は利益を生むところ
9、明るい職場作りは一人ひとりの心がけ
10、趣味を持ち、余暇を上手に活かす

この中でも、2～6については、共通のメッセージがあります。それは、「会社は給料を得るところなので、やるべきことをやらなくてはならない」ということです。自ら働こうとする意欲を持って、自分の役割りをきちんと果たす。さらにみんなと協力し合う心を持って、少しぐらい嫌なことも時には我慢して取り組むことが大切です。

ポイント6

職場"定着管理"

　障害者を雇用する時、強く意識してほしいことは"定着管理"です。ただ義務的に雇えばいいのではなく、雇った時が始まりで、雇用する以上、3年、5年、10年、そして定年まできちんと定着させていく心構えが肝要です。

　定着管理で大事なことは、「私生活の安定が職場生活の安定に通ずる」という点です。社員の中には、私生活を自主的に管理することが難しい人、私生活で起きた問題を職場に持ってきてしまう人がいます。また、本当に些細な失敗で心が崩れてしまう人もいます。

● **定着管理に重要な4つのポイント**

（1）日常生活に関心を持つ
（2）加齢現象を考慮した業務の構築
（3）家族に企業の立場を理解してもらう
（4）障害者就労・生活支援機関の活用

（1） 日常生活に関心を持つ

① 健康面

　マルイキットセンターの活動スローガンに、「安全、健康、各自の努力」と掲げているように、健康管理は勤務するうえで最も重要な要件です。特に職場運営の中では、1人欠けると他の人が埋め合わせをしなければならないから大変です。常に健康を維持して勤務を続けてもらうことが願いです。

　日常の健康管理は、家庭との連携を密にし健康維持に努めることが必要です。知的障害者の中には、自分の健康状態をきちんと把握し周りに報告することが難しい人がいます。そのような人については、周囲の人々が気付いて対応し、電話や連絡帳を使うなどして、できるだけリアルタイムに連絡し合うようにすることが大切です。

　日常的には、朝のラジオ体操が有効です。運動するだけでなく、その時の表情や体の動きで健康チェックを行うことができます。

　その他、企業としてできることは限られていますが、会社のスポーツに関する各種イベントへの参加や、余暇活動では、グループや団体などでのボウリング大会やTボール大会などへの参加も体力作りや健康管理につながります。

② 安全面

　安全面については、日常生活の中や通勤途中でも、自分自身のみならず他人に対しても危険を避ける注意力を身に付けさせることが大切です。

③ 交友関係

　交友関係のトラブルが元で、仕事に集中できなかったり、離職にまで発展してしまうケースがありました。

　例えば、恋愛です。障害者雇用の現場でも、トラブルになることが結構あります。本人たちもわかっていない状況で妊娠をしてしまったり、恋愛に我を忘れて仕事が手に付かなくなったり、周りもトラブルになるまで気付かないことがあります。トラブルが起きてからでは手遅れになることもありますので、日ごろ周りの人が関心を持ち気付いてあげないといけません。

　また、悪しき交友関係からだまされてしまうケースもあります。会社の帰りに街中で声をかけられ、断り切れずに支出を伴う契約をしてしまい、ある時職場に電話がかかって来て判明したこともありました。

　さらには、会員制の団体に所属しその活動にはまってしまい、その影響で会社を休む人もいました。その時は、実態をきちんと把握したうえでその活動を辞めさせました。

④ 金銭面

やはり、金銭管理は厳しくする必要があります。自己管理をさせるにしても何が起きるかわかりません、周りの人による定期チェックが必要です。昨今、高齢者が振り込め詐欺やオレオレ詐欺の事件に巻き込まれることがよくありますが、知的障害者も同じです。お金の貸し借りも含め、金銭管理は充分に気を付けなければなりません。

⑤ 余暇活動

定着率が高い職場は、良い仲間がいて職場が楽しいからであり、「仕事が楽しい」に結びつきます。その楽しさを作り出す大きな要因の一つが、余暇活動です。

職場は仕事をするだけでなく、社員相互の親睦を深めることが大切です。

知的障害者が個々に余暇活動をすることは難しいので、みんなが集う行事を計画し実行することによりコミュニケーションの輪が広がり、職場の活性化にもつながります。

（2）加齢現象を考慮した業務の構築

　マルイキットセンターの設立の業務構築の項目には、ピッキング作業、入荷商品の検品と棚入れ、積み込み出荷作業などがあり、その中に加齢対策が組み込まれていました。

　一般的に、障害者は加齢現象が早めに出ると言われます。40歳を過ぎた頃から、ある日突然がっくりきて退職に至る例があります。企業はこの早期に現れる加齢現象に対して、対策を考えていく必要があります。その際、体を使い、会話をし、頭を使い、数を数えたりしながら、五体、五感を活性化させる努力を継続して行うことが大切です。毎日の累積効果が10年、20年、30年後になって、結果として現れることになります。

● 加齢現象を遅らせるポイント

① 体を動かす仕組み

② 頭を使う仕組み
　（数を数える、読み取る、考える、判断する）

③ 会話の多い仕組み

④ その他
　基本の仕組みを重視・継続しつつ、かつ業務改善活動、新規業務開発など、新しいことにも取り組むことがあげられます。

① 体を動かす仕組み

　ピックアップ担当は、1日平均100回倉庫を往復します。重い物は台車やカートに積んで運びますが、歩くことと、荷物の上げ下ろしで全身を使って作業にあたるため、この業務自体が体の活性化に役立っています。積み込み担当は、カゴ車に検品済の用度品を積む作業の時に全身を使って作業を行うため、やはり体を動かします。

② 頭を使う仕組み（数を数える、読み取る、考える、判断する）

　ピックアップ担当は、ピックアップする際に伝票を"読み取り"、指定の品がどの棚にあるか"考え"、品物を運ぶ際に台車を使うかどうか"判断して"、数量のミスがないように"数を数える"といったように常に頭を使っています。
　検品担当も同じように、伝票の記載通りにピックアップされているかどうかをチェックし、用度品の内容及び数量が正しいかを確認します。その時にも"数を数える、読み取る、考える、判断する"といったように常に頭を使っています。さらに、出荷先に向けたカゴ車への積み込み作業では、様々な形状の用度品をいかに効率的に積み込むかを考えなければなりません。
　その他、倉庫への補充業務では、入荷された用度品が伝票通りか、品名、数量を確認し、それぞれの置く棚を考え、判断し、棚に積み込みます。とにかくどの作業においても頭を使う必要があります。

③ 会話の多い仕組み

　用度品業務は、ピックアップ担当、検品担当、積み込み担当がバトンタッチしながら業務を進めていくチーム方式で、常に声を掛け合う必要があります。3つの係は、「ここに置きます」「後ろを通ります」などと、危険がないように声かけをしながらバトンタッチします。検品係は、常に二者で用度品の内容と数量を声で確認しています。

　このように、業務上会話の多い仕組みを作って、これに会話の潤滑油になる多少の冗談も含めることで、活気のある作業状態が進んでいきます。声を出すことが、障害者の人たちの活性化につながります。

　前記したように、マルイキットセンターでは毎朝業務を始める前に約1時間、障害のある社員とミーティングを行っています。1人ずつ用意した話題には、必ずみんなで大笑いする話題があり、この楽しい経験も加齢現象を遅らせることにつながっています。

　また、みんなの前で話すことが会話の訓練になり、そして、社会勉強にもなり、自己表現をすることにより、その日の調子がわかり、ケアになるという利点もあります。

　この方式に限らず、毎日一定量の会話の時間を設けることは、加齢を遅らせる対応の中でも重要なポイントです。

④ その他（基本の仕組みを重視・継続しつつ、かつ業務改善活動、新規業務開発など、新しいことにも取り組むこと）

　マルイキットセンターの後継の社長たちは、基本を大切にしつつも、業務改善や新規業務の付加といった変化も重視する姿勢を大切にしています。変化は成長を生み仕事のやりがいにもつながります。

　その一例として、業務上の改善提案を奨励しており、優秀な提案者には表彰を行っています。受け身ではなく、自分で業務改善に関して考え提案することが、加齢を遅らせる要素にもなっています。

　しかし、一方で用度品業務の仕組みは開設以来20年以上変えていません。ピックアップ担当が倉庫から用度品を持ってきて、検品係が検品し、積み込み担当がカゴ車に積み込み、全員で出荷する方式で今でも毎日行っています。この基本の仕組みがあるために、精神の安定を生み、就業の継続につながっています。

　後継の社長が、20年勤続を達成した社員が数多く生み出された理由を検証した時、加齢現象を遅らせる仕組みが起因していたということがわかりました。

　設立時に、私は必死で様々な仕組みを考えてきましたが、正直、当初加齢現象対策といった意識はありませんでした。しかし、結果的に人が人として**働きやすい仕組み**を必死で考えたことが良かったのだとわかり、私自身もとても嬉しく思いました。

　障害者雇用で、加齢対策を考えた職場作りに取り組むことは、職場定着の重要なポイントとなります。

（３）家族(保護者)に企業の立場を理解してもらう

　生活面でベースとなるのは家庭・家族です。障害者の社員が継続的に働き続けるためには、前記のような生活面の支えが必要となりますが、その時に最も重要な役割りを果たすのが、家族です。両親をはじめとした家族の支え、協力が不可欠になってきます。

　実際には、企業側から見て問題があると感じざるを得ない家族も少なからずあります。家族側の最も困った考え方としては、"企業の立場"を全く理解しないケースです。

　ここで重要なことは、「企業は福祉現場ではない」ということです。むしろ企業は、社員に対して厳しく成果を求める場です。家族が企業で働くことに対して甘い考えを持っていると、職場に迷惑をかけるようになり、結果的に定着の妨げになる危険性があります。

　次ページの「家族の望ましいサポート」を参考に、"企業の立場"の理解を促していくことが大切です。

● 家族の望ましいサポート

	家族の望ましくない考え方 ▶	企業の立場の理解 ▶	家族の望ましいサポート
体調管理	翌日に仕事があるにもかかわらず、夜更かしを許すなど、体調管理に無関心。	給料の見返りとして、最大限の能力を発揮できるようにする。	食事、睡眠などの体調管理に気を配る。体力、気力の一週間のバランスを管理する。
勤怠	簡単に休ませたり、本人の言いなりになり、親としての指導性に欠ける。	組織の一員として役割りを担い、職場の仲間になるべく迷惑をかけないように指導する。	職場に迷惑をかけることを認識したうえで、きちんと判断する。職場との連携を密にする。
仕事	本人が、どんな仕事をしているか知らない。どんな人たちと働いているか無関心。	仕事は大変だけど、みんな（家族も含む）で支え合う。年に2、3回は職場を訪問する。	仕事の状況に関心を持ち、理解し、励まし、褒める。毎日仕事の報告を受ける仕組みがある。
職場	企業に子どもを"預かって"もらっているので、休みがあると困る、という考え。	企業は、福祉現場ではない。職場は福祉的サービスを提供する場ではない。	福祉的サービスを企業に求めない。職場の人間関係を知っている。

（4）障害者就労・生活支援機関の活用

　社会人になってからの課題は、企業内のことだけでなく、むしろ職場の外で展開される生活面から発生する出来事にあります。これらのことを企業のスタッフが全て解決することは難しく、限界があるのも事実です。学校・支援機関などとの連携が必要になってきます。

　ただ、特別支援学校は近年では卒業後2年間を期限として支援活動を続けますが、その後は地域にある就労支援機関が担うことになります。地域には、様々な就労支援機関があります。「地域障害者職業センター」や「障害者就業・生活支援センター」、都道府県独自の支援センターなどがあげられます。

　企業によって、違いが見られますが、ここでは3つの活用ポイントをお伝えします。

● **障害者就労支援機関の活用の3つのポイント**
① 採用、定着、離・転職に関わってもらう
② 基本情報を提供してもらう
③ 生活面のサポートや家庭との架け橋になってもらう

① 採用、定着、離・転職に関わってもらう

　障害者の採用を進める際には、まず関係機関・学校から紹介をしてもらうことをお勧めします。

　新卒については特別支援学校から、既卒者については就労支援機関やハローワーク、各種福祉施設から紹介をしてもらうことになります。もちろん他の形で採用につながることもありますが、紹介してもらうことを勧める理由としては、採用予定者に関する情報が豊富に得られるからです。的確な情報をもらえる信頼できる支援機関を見つけることも重要なポイントです。

　採用した後は、職場に定着できるように本人や職場のスタッフが様々な努力を積み重ねていくわけですが、職場内だけではうまくいかないこともあります。その時にも、就労支援機関からジョブコーチを派遣してもらうことができます。

　一方で、企業側として最大限定着に向けた努力をしたとしても、残念ながらどうしても職場に適応できない社員もいます。その場合、離職および転職という選択肢を考える必要が出てきます。その時にも、就労支援機関にサポートしてもらうことが本人にとってより良い結果につながる可能性があります。

　離・転職は大変なことです。それまで共に働いてきた仲間をただ突き放すのではなく、その後の方向性を一緒に考えてくれる支援者に委ねることが、円満な退職につながることになります。

②　基本情報を提供してもらう

　まずは、本人についての正しい情報を家庭や支援機関からもらう必要があります。必要な情報とは以下のとおりです。

---

①　**基本情報**：
　氏名、住所、連絡先、障害名、等級、血液型、
　障害部位、病名、主治医（病院）。

②　**緊急連絡先**：
　自宅、保護者の携帯電話番号など３カ所以上。

③　**本人の詳しいプロフィール**：
　本人の得意なこと、好きなことなどポジティブな情報、
　苦手なことや悪い癖などの配慮を要するネガティブな情報。

　各情報はきちんと台帳で管理するなどして、いざという時に対応できるように備えておく必要があります。

　定着管理において特に収集しておくべき重要な情報は、③のプロフィールに関することです。ネガティブな情報については就労支援機関も出したがらないかもしれませんが、企業で配慮していく時に必須な情報になります。

③　生活面のサポートや家庭との架け橋になってもらう

　マルイキットセンターを設立した当初は、今のように就労支援機関がありませんでした。そのため、生活面のサポートや家庭との連絡については試行錯誤しながら、自分たちでやってきました。家族と普段からの連携を推し進めるために保護者会も作り、保護者との関係を強化しました。
　しかし、それでも企業が生活面のサポートを展開するには限界があります。生活面の問題の対応や、家庭との連絡調整については、支援機関の力を借りることをお勧めします。

ポイント7

会社全体の理解と協力を得る

　障害者雇用には、障害者を雇用するために設立する「特例子会社」と一般の職場で健常者の中で働く「一般雇用」、そして、雇用管理を専門会社に託す形態などがあります。いずれの場合でも、障害者が働く職場ではその障害者の権利、重度軽度に関わらず受け入れサイドからの気配り、配慮が非常に大切です。

　障害者雇用が進展してきた昨今、「特別扱いは不要であり、あたりまえに働く職場を目指す」という企業が見られますが、その根底には、障害に対する理解と合理的な配慮が会社全体に組み込まれていることが不可欠です。

● **社内全体の理解を得る3つのポイント**

（1）会社全体に職場を見てもらう

（2）現場担当者たちへの理解を促す

（3）社内の一般社員、従業員への告知

（1）会社全体に職場を見てもらう

　障害者雇用は、企業に課せられた使命であり、会社全体で進めていく必要があります。そのためには、直接の担当者に任せるだけでなく、会社のあらゆる人に関心を持ってもらうことが必要です。

　特に経営トップに関心を持ってもらうと雇用促進に勢いが付き、職場開発から運営がスムーズに進みます。そして、障害のある社員や担当者に会ってもらうよう働きかけ、彼らの仕事ぶりを見てもらいます。だいたいの人は、今まで障害者に実際に関わったことがなく、それぞれに先入観、特にネガティブなイメージを持っていることが多いです。

　実際に障害のある人が戦力となって働いている姿を見ると、「ああ、こんなことができるんだ。こういう配慮をすればここまで戦力になるんだ。」と、その能力に驚きます。それまでの障害者観を一掃することが期待され、さらには、担当者の苦労に対して耳を傾けようとする姿勢も生まれます。経営陣は元より、色々なセクションの責任のある方々の関心と理解はスタート時のみならず、その後の運営の中でも大きな効果を現します。

　例えば、「仕事探し、仕事作り」への協力です。ある企業では、社長が障害のある社員の仕事を見たことをきっかけに興味を持つようになり、社内のパーティーなどでも障害のある社員に積極的に話しかけてくれるようになりました。これはとても大きな出来事でした。

経営トップが関心を持つことにより、社内全体においても障害者雇用への注目度が上がり、実際に障害者雇用促進の原動力になりました。そして、障害者に対する理解ある姿勢が職場運営をスムーズに行うことにつながりました。このことは、障害のある社員だけでなく担当社員たちにとっても大きな励みになりました。
　「百聞は一見にしかず」と言います。障害者雇用に関する会社全体の理解を得るためには、実際に見てもらうことが有効なのです。
　さらに有効なのが、前記した経営トップから「職場設立・運営のあらゆることをバックアップする」という"お墨付き"をもらうことです。
　私は、丸井で３代の経営トップに仕えてきました。初代社長には、"社会を生き抜く力を"育てられ、２代目社長には、マルイキットセンターの開発責任者に任命され、社長から「私が全てバックアップする」と激励してくださり、私を活かしてくれました。また、３代目の青井浩丸井グループ現社長も職場開設１年目の頃、社長室長の立場でマルイキットセンターを視察し、障害者たちに直接やさしく対応してくださいました。社長に就任されてからも、職場の順調な運営と発展のため理解と配慮を継続してくださっています。
　企業トップの理解と支援があってこそ、良い職場作りができるのです。

（2）現場担当者たちへの理解を促す

　障害者を雇用する職場では、担当者は様々な配慮をしていく必要があり、職場ではことの大小は様々ですが、予期せぬ出来事が発生することがあります。それらの一つひとつに対する気遣いや対処していく内容は、一般の職場とは全く違い、その心労は並々ならないことが多いです。

　マルイキットセンターを設立して1年ほど経った時、担当者たちそれぞれの苦労話に花が咲いたことがありました。ある人は、以前いびきをかいたことがなかったのに、最近いびきがうるさいと妻に叱られたそうです。また別の人は、歯ぎしりで妻から怒られたことや、さらにとても書けないような理由で妻に苦情を言われてしまった人もいました。みんなそれぞれ疲れが隠せない状態でした。さらに、女性の担当者たちからは苦悩に満ちたコメントが出てきました。

・ここまで尽くしているのに……
・私たちの努力は何だったの……
・寝言にまで出てきた
・疲れ切った、正直辞めたいと思った
・主人から、「もう辞めなさい」と言われた
・一時は我慢の限度を超え、仕事を拒否したこともあった

現場の担当者の苦悩を聞くにつけ、つくづく障害者の職場を運営することの大変さを痛感すると共に、職場責任者としては担当者たちの苦労が報われるような形で評価をしていかなければならないと強く感じたエピソードでした。

　彼ら、彼女らの苦労は簡単には報われないかもしれません。しかし、少なくともこのような苦労に関して、経営トップをはじめ、会社全体が関心を持ち、理解する必要があるのではないでしょうか。本来、障害者雇用は会社全体で進めていくものだということを鑑みても、直接の担当者の努力と心労に対して理解を深め評価をしていく必要があると考えます。

　私は、色々な企業の障害者雇用の職場作りを見てきました。なかなかうまくいかなかったり、とん挫してしまったりする職場も見てきました。色々な原因がありますが、大きな原因のひとつとして、経営トップが本当にこの取り組みを理解していないことがあげられます。逆に、トップの強い意識の元に構築された職場は勢いがあります。

　会社全体で障害者雇用への理解を得るのは、一朝一夕ではいきません。障害者雇用職場としてやるべきことをしっかりとこなすだけでなく、経営トップをはじめとする様々な人たちに実際に見聞きしてもらうことにより、関心を持ってもらうよう働きかけることも、障害者雇用が成功するための重要なポイントです。

(3) 社内の一般社員、従業員への告知

　一般の新事業の社内告知とは違い、その職場で働く障害者の中には見た目にわかる人もいれば、一見しただけではわからない人もいます。そのため、障害者に対する特別な配慮が必要です。

　障害者雇用を始める際の事前対策としても重要なことは、まず正式な社内通達で、その主旨"社会的責任"や"社会貢献"事業だということを、全社員に周知徹底することが大切です。

　そして、業務で直接関わるセクションや障害者が一般社員と共同で使う場（食堂や休憩所など）に関わる人たちには、事前に告知しておく必要があります。周囲の人たちに理解を求め、協力してもらう一番のポイントは、「職場生活上の対人的理解と配慮」です。

- 社会性に難点があり、あいさつ、態度、礼儀などができていない。
- 問題が発生したり、課題と思われることが見られたら連絡してもらう。
- トラブルが発生した時、緊急事態時以外は、直接指導せずに担当者に連絡してもらう。

　これらの細部にわたる事項については、事業所内の連絡会議や部門別担当者ミーティングなどで、近隣部署へ幅広い告知が必要です。

ポイント8

社員との
コミュニケーション

　話し相手がいて楽しい雰囲気に包まれた職場は、理想的です。そのために、コミュニケーションは障害者雇用現場に不可欠な潤滑油となります。人が楽しく働き続けることこそ、この「ノウハウ編」の目標であり終局的な目的です。それは、マルイキットセンターの運営方針に定め実践してきた「規律・仕事は厳しく、職場は楽しく」につながり、知的障害者が20年、25年という長い年月にわたり働き続けることができた原動力になったのだと考えます。

● コミュニケーションを作る3つのポイント

（1）コミュニケーションの原点は「あいさつ」
（2）職場の中のタテ・ヨコ・ナナメの関係
（3）円滑なコミュニケーション力を育てる

（1）コミュニケーションの原点は「あいさつ」

　「あいさつ」は、社会生活を送るうえで不可欠です。コミュニケーションの入口とも言えます。一般の人は、育つ環境の中で身に付いている習慣でその時、その場に応じたあいさつが自然にできますが、知的障害者の場合、育つ環境が、家族、友人、先生などの限られた人たちとの関係のため、気軽さ、気楽さ、そして甘えも伴い、社会性のある「あいさつ」になっていないことがあります。

　しかし、職場という働く環境での「あいさつ」には、上司、先輩、指導者、同僚そして後輩など、今までとは比較にならない幅広い交流での、社会性のある「あいさつ」が必要になります。

　職場にスムーズに順応できる人もいますが、働く環境にすぐには馴染めず、戸惑いがあり、時には、心ない人に出会い辛い思いをする人もいます。

　しかし、「あいさつ」が上手にきちんとできることによって、好かれ可愛がられる人もいます。例えば、指導員から少々毛嫌いされていたO君は、「○○さんおはようございます」、「○○さんお先に失礼します」など、あいさつのことばの前に必ずその相手の名前を言うことにより、好感を抱かれ始め、人気が上がりました。

　知的障害者への教育は、ことばでの説明や指示だけでなく、周りにいる全ての人たちが常日頃から模範を示すことが重要です。毎日少しずつで良いので、あいさつ訓練を実施することが大切です。

（2）職場の中のタテ・ヨコ・ナナメの関係

　コミュニケーションもあいさつと同様に、"育つ環境"の中で一般の人たちと知的障害者の間には大きな差があります。一般の人たちは幅広い人たちとの交流により、頭で考え判断し話を組み立てられますが、知的障害者にそれを要求するのは大変困難です。しかし、それをこれから働く環境の中でどのように理解し、配慮し対応していくかを考えていかなければなりません。

① 上司や先輩などタテの関係

　職場では、規律・ルールを守り業務を遂行するために、指示や命令が行われ、上司や先輩のことばには従わなければなりません。"働く環境"の中で、初めて経験する指示・命令に対して、それを正しく理解しその意に従うのは簡単なことではありません。職場の指導者は、そのことをしっかり心に留め、指示や命令をすることが大切です。そして、それがきちんと伝わり理解されているかの確認も必要です。
　このタテの関係のコミュニケーションを成立させる重要なポイントは、「相手の立場に立つこと」です。障害者の立場になり、その能力に応じた工夫をすることです。

② 同僚や後輩などヨコの関係

　職場の中でもう1つ大切なコミュニケーションがあります。それは、仕事ではなく職場の同僚や後輩や友人たちとの交流の中で、気さくに気持ちをわかち合い、相互に言いたいことが言える仲間同士のコミュニケーションです。自分たちの居場所作りとなる楽しい職場の原点です。

　このヨコの関係作りは、業務遂行上に必然的に発生するコミュニケーションと違い、自然発生はしにくいものです。そこで、職場生活全体の中で、みんなが集う空間に相互に対話が交わせる工夫をし、コミュニケーションが取れる仕組みを作ることが必要です。

③ パートタイマーや就労支援の人などナナメの関係

　さらに、もう1つの関わり、ナナメと言える関係があります。職場生活の中で、健康面や心のケアなどのサポートをする、パートタイマーの人たちです。陰で支える役割りを果たしてくれます。

　また、企業と障害者やその家族との間に立って就労活動や就職後のフォローにあたり、職場定着の促進や転職・退職時の相談にあたる、地域の就労・生活支援センターがあります。

　それらの人たちとのコミュニケーションも非常に大切で、本人は元より、家族（保護者）も企業側も大変頼りになる関係なので、しっかりコミュニケーションをとっておく必要があります。

（3）円滑なコミュニケーション力を育てる

　明るいこと楽しいこと面白いことは誰もが好むことですが、特に知的障害者は楽しいことや面白いことが大好きです。
　その良い特性を活かし、職場の中で集う色々な機会（朝・夕のミーティング、昼休み、中間休憩、社内行事など）に対話する仕組みを作るなど、それぞれの職場で考えて実践し、何でも気軽に言い合える環境を作ることが大切です。
　また、教育・訓練には時間がかかります。1日、1、2分の積み重ねがコミュニケーション力を育てます。ことばの解釈は、育つ段階での教育過程に課題がありますが、雇用し従業員となった以上、ことばの解釈に注意を払い、彼らの特性やそれぞれの能力を理解したうえで、しっかり対応することが大切です。

　何度も申し上げますが、話し相手がいて、「良い仲間作り」ができ、楽しい雰囲気に包まれた職場は理想的で、「楽しく働ける」ことにより「生き甲斐」を抱きます。コミュニケーションは、障害者雇用現場に不可欠な潤滑油なのです。

終章

企業間移行への提案と人脈作り

私は、大勢の障害者が退職をする現場を見てきました。終章では、退職時の再就職を支援し、本人の働く力に見合った道を開いたケースと、企業間移行を実現したエピソードを紹介しながら、障害者が社会で働き続けることを、「企業間移行」で提案します。さらに、職場作り、職場運営、企業間移行を成功させるために必要不可欠な「人脈作り」を、関係者を紹介しながらお伝えします。

1　企業間移行への提案
2　障害者雇用を成功させる人脈作り

1　企業間移行への提案

（1）職場適応困難者への限界を超えた対応の末に

● 職場適応能力の低下

　就労支援機関の推薦で、20歳の知的障害3度の久山踊子(仮名)さんが有料老人ホームの実習生として入ってきました。仕事は、水回りの清掃、食堂のテーブル拭きや食器洗い、休憩室のクリーナーがけなどです。実習2カ月間のホーム側からの評価は、「仕事は遅いがきちんとできていて、後々の成長を期待する」と、採用されました。

　しばらくの間、指示にも従い順調でしたが、4カ月ほどして問題が発生しました。時間が守れない、理由を付けてスタッフルームに何度も行く、あいさつをしなくなった、好き嫌いが激しく気に入った人にだけに近づく、注意されることを嫌がり強く叱ると反抗するなど、職場適応能力が著しく欠如してきました。仕事でも、ジョブコーチがいるとやるがいないとさぼり、作業も散漫でした。

　そのような状況が続いたので、就労支援センターと協議を重ね、一時休職期間を設け、支援センターで再訓練をすることにしました。職場での問題改善をテーマに、3カ月間の訓練を実施しました。

　3カ月後、改善が見られず仕事にも身が入らず、復帰させるにはほど遠い状況でしたが、保護者の希望で職場へ復帰しました。復帰した以上は、社員としてしっかり仕事ができるよう指導していかなければなりません。ホーム長を中心に、定着指導が始まりました。

しかし、復帰してからの状況を電話で確認すると、仕事はまずまずですが、相変わらずあいさつと態度は人を見分けてする、注意に対しては素直に従わず反抗的、とのことでした。

● 新しい方向を見出し再スタートさせる

　ホーム長の現状分析から課題を協議した結果、長い目で見た本人の方向性について保護者を交えて話し合うことになりました。しかし、保護者は企業に対し「福祉的就労」を求める考え方だったため、就労支援センターに仲介してもらうことになりました。
　第一回目の話し合いでは、母親は、「老人ホームの経営をしているのなら、障害者の就労を福祉事業として考えるのが当然だ」と主張しました。次の話し合いには父親に出席して頂きましたが、同様の主張をされ、退職を認められませんでした。
　このままでは、企業と保護者間の話し合いは進展しないと考え、最終手段として本部の事業本部長、ホーム長に同行してもらい、就労支援センターを訪問して、企業としての考えを伝えました。
　仕事が単独自立作業でありマッチしていないこと、このまま無理な定着は本人の負担ともなり可哀想であること、また、保護者に対しても、企業就労と福祉就労の違いをきちんと理解してもらうよう努力してほしいこと。そして、資質や能力に合った仕事を選び、新しい方向を見出し再スタートをさせることなどを強く要請しました。
　保護者の説得には時間がかかりましたが、就労支援センターの努力により、円満に退職することになりました。その後彼女は、福祉作業所へ入所し元気に過ごしているとの知らせが入りました。

（２）退職・転職ではなく企業間移行への道を作る

● 四者体制の定着支援

　山田武(仮名)さん20歳は、有料老人ホーム入社当初から知的障害者特有のいくつかの特性を表していました。仕事面では、居室の洗面、トイレなどの水回り清掃や玄関、廊下、相談室の清掃でしたが、集中心に欠け、雑で、他の人たちとの協調性に欠けるので、共同作業が難しい状況でした。

　状況の改善に向け、私は社内定着指導の立場で、３カ月に１度のペースで訪問指導をしていました。しかし、訪問指導をした後２カ月くらいは注意を守ってきちんと仕事をしますが、３カ月すると元の状態に戻ってしまいます。

　３年目に入ったある訪問指導の時、「山田さん、このような状況が続くと辞めさせられることになるが、続けたいのか、辞めさせられてもいいのか、どうする？」と問いかけ、本人の本心を引き出すことにしました。答えは、「僕は、辞めたら行くところがないのでここにいたいです。だから頑張ります」と。

　その後も指導要請が入り、彼への「特別定着支援対策」をとることになりました。彼を特別扱いせず、１人の従業員として扱い、本人が師匠と慕っているホームのＳ生活支援員を指導員にし、市の障害福祉課と障害者地域生活支援センターと母親、そしてホームのメンバーを交え定着支援会議を開催し、それぞれ四者からの支えを強化しての「特別定着支援体制」がスタートしました。

その後も、安定と、急変悪化を繰り返し、再度特別支援プロジェクトを組み定着に向け努力しました。家庭の協力と職場の関心、そして就労支援の方々の努力により、本人の勤務に対する意識の向上につながり、彼の職場生活が安定してきました。
　しかしその後、本人の心の中には別の人格が生きているかのような状態が発生してしまいました。非常に落ち込み覇気がなく「辞めたいです」ともらすようになってしまいました。

● 本人を深く理解していれば

　勤務を続けさせるため、「本人を変える」ことにのみに力点を置き、色々な計画を立て繰り返し実行してきましたが、彼の定着管理について反省することは、本人の特性に対する受け入れ基盤が整っていなかったこと、特に人的環境の不備と仲間がいない寂しさやつまらなさを理解していなかったことです。
　私は、母親がいつも本人に言い聞かせていた「辞めたら次に勤める場所はないのだから、我慢して続けるのですよ」という気持ちを大事に思っていたのです。しかし、本人が言った「だから頑張ります」は、母親から「辛抱するんですよ」と常に言われていることばの表れでした。もっと本人のことを深く理解し、考えを改めることを早くするべきだったと反省しました。

● 信頼できる同業の社長に相談

　「適材適所」の理念を元に、「本人を変える」から「本人に合う職場への移行」、転職をさせる計画を秘かに立て始めました。

埼玉県の障害者雇用企業の仲間である特例子会社MCSハートフル(株)の今野社長に相談したところ、私の考えを快諾してくれました。

　私がその会社を選んだのは、事業形態は異なりますが、同業であること、業務が同じ清掃が主体であること、今までの職場と違い大勢の障害者仲間と共に仕事ができることです。

　そして、一番大きな理由は、今野社長の熱心な障害者雇用への信念があったからです。

● 企業間移行へ

　移行する会社の承諾を取ると、すぐに今いる職場の人事部に相談し、了解を得ました。ここで、秘かに進めていた企業間移行のことを本人と母親に話しました。最初は半信半疑でしたが、すぐに理解を示し「全てお任せします」との決断を得ました。

　そして次に、就労支援センター「みなみ」の山本弘信コーディネーターの協力の元、「企業間移行」の計画が確立しました。

　まず、埼玉県障害者雇用サポートセンターの仲介を得るため石川支援員に相談しスタートさせました。現職在勤中ですので、有給休暇を使い、移行先のMCSハートフルで2週間の実習を受けることになりました。この時、私は彼の約4年半の勤務の全容がわかる資料全てを渡しました。

　実習の期間は、本人にとっては大変な体験だったと思いますが、大きなトラブルもなくやり遂げました。実習が終わると、翌日すぐに今野社長から合格通知を頂きました。「色々あったようだけど、うちの厳しい指導員にビシビシやられていたが、もう仲間ができたよ

うで大丈夫ですよ！」と、明るく前向きに受け入れてくださいました。このことを、母親はもちろん関係者全員に報告しました。みなさん大変喜びました。

　正式には、Ｂ社を退職しＭＣＳハートフルへ入社するわけですが、私は、「企業間の移行」であることを強調し、勤務最終日に"Ｂ社の卒業式"を行いました。出席者は本人、お母さん、山本コーディネーターとホーム長、そして司会をした私の５人で、和やかな雰囲気の中で行いました。

　彼は、新しい職場に出勤し、元気よく働き、今もしっかり勤続しています。今野社長からは、「今では仲間から愛称で呼ばれ、職場の人気者だ」と大変嬉しいメッセージを頂いています。

「企業間移行」で、障害者が社会で活躍できるように

　２つのケースのように、退職を勧告することは非常に難しいことです。しかし、本人にとっては合わない仕事や職場で無理をするよりは、自分に合った職場で楽しく働ける方がより幸せです。

　その結果として、企業も大きな負担感がなくなり、そのうえ、その仕事に新たに人を雇用することができます。

　ただし、障害者の再就職は非常に難しく努力を必要とします。私は、マルイキットセンターの職場設立の時以来、長い年月にわたり「雇用＝定着」を提唱してきました。その信念の中から定着管理には徹底的に力を込めて実践してきました。その思いを貫き拡大し、企業間移行へと展開したことになります。

　山田さんのケースでは、２つの会社の協力を得て、企業で働きながら次の会社の面接と実習を実施し、転職が実現されました。そこには、いくつかの好条件が重なっていたことがあります。

① 問題の発生要因が、受け入れ体制とのアンマッチで、働く環境を変えることにより、働き続ける可能性を見出せた

② 本人に働く意欲があった

③ 家族（保護者）の就労継続への強い意志があった

④ 新しい受け入れ企業の仕事、職場とのマッチ

⑤ 就労支援の協力とバックアップが得られた

⑥ この計画を熱心に考え実行する支援のパワーが終止働いていた

私は、この山田さんの企業間異動を、「企業間移行」と銘打ちましたが、このような形の転職、企業間移行がシステム化され、多くの障害者が働き続けられるよう、しっかりした仕組み作りが確立されることを願ってやみません。そのためには、以下の６つの条件が揃うことが必須になると考えます。

❶ 雇用した障害者の定着管理に真剣に取り組んだ結果であること

❷ 自社の職場体制（＝仕事や職場の受け入れ体制や人的環境への不一致）がこれ以上改善できない

❸ 他の企業なら対象の人の能力や特性を活かせると判断できる

❹ その移行提案を所属支援機関が援助してくれること

❺ 保護者（親や後見人）の賛同と協力があること

❻ 提案者は雇用の責任者又はそれに代わる人で、新たな職場への定着まで責任が持てること

　もちろん、その大前提は、本人の「働く意欲」が継続していることです。

　企業間移行の実現が、企業現場で障害者雇用に取り組んでいる方々や支援機関で活躍されている方々に理解頂き、システム化されることを願っています。そして、それがスムーズな転職に結び付き、１人でも多くの障害者が働き続け社会で活躍されることを願ってやみません。

2　障害者雇用を成功させる人脈作り

　最終章のこの項では、障害者雇用を成功させるために大切な、雇用される本人の立場である、"就労"について触れたいと思います。

　私が、障害者雇用を確立できた背景には、障害者本人たちとの強い関わりのある人たちとの人脈があったからです。そのお陰で職場作りでも採用時でも、その後の職場運営でも、障害者本人を深く理解することができました。また、受け入れ側である企業側の人脈も大変重要です。先駆的企業やライバル企業もみんな心を開き交流しました。

　私は、そのような「育て送り出す立場」と「受け入れる立場」双方のつながりがあったからこそ、障害者の雇用を実現することができたのです。

● 障害者雇用の行政とつながる
　障害者を深く知る行政のアドバイザー、西村晋二さん

　西村先生は、埼玉県障害者雇用サポートセンターの理事として企業支援や就労支援のアドバイザーとして活躍されました。

　私が、マルイキットセンターの設立に際し、この道の大先輩として行政の立場と障害者を深く知る立場から、その特性や中小企業での雇用事例などを示し、職場作りにたくさんのアドバイスをしてくださいました。

その出会い以来大変親しくお付き合いしてくださり、障害者対応のオーソリティーとして、また酒席では人生の大先輩としてたくさんのことを教えてくださいました。西村先生は、平成22年にお亡くなりになりましたが、私の大切な師匠です。

・就労支援（サポート）センターは、各都道府県の区町村に設けられています。

● 就労専門機関とつながる
　企業の役割りを教わった、ハローワークの相沢 保さん

　マルイキットセンター設立時に訪問したハローワークで相談したのが、相沢さんでした。労働行政の立場から、企業としての役割り、他企業の事例、行政としての考えなどを熱心に話をしてくれました。
　相沢さんは、労働行政のリーダーであると共に、労働行政の立場を超え、企業や地域福祉、そして障害者への深い思いなど、多角的な観点に立つ人物です。各地の企業の障害者雇用の促進に力を注がれ、障害者雇用を進める企業連絡会の結成に尽力されました。
　また、「NPO法人障害者雇用部会」の元となった、障害者雇用システム研究会を設立・運営に努力されました。さらに、「一般社団法人障害者雇用企業支援協会」を『企業の障害者雇用を企業が支援する』という方針の基に創設の中心的役割りを果たされました。
　相沢さんは、そのような活動の中で、人の特性を見抜き起用することを得意技とし人を活用され、私が活用されたのは厚生労働省が全国都道府県に実施した障害者委託訓練事業でした。
　永いお付き合いの中で、業務でのアドバイスを頂きました。

この道を円滑に歩めたのは、相沢さんのおかげです。

・ハローワーク（https://www.hellowork.go.jp/）

● 障害者教育の現場とつながる
　　養護学校の先生、保護者たちとつなげてくれた松矢勝宏さん

　松矢先生は、東京学芸大学名誉教授、目白大学客員研究員、全日本特別支援教育研究連盟理事長、NPO法人GreenWork21理事長、そして、社会福祉法人森の会の理事長という、たくさんの重要な任務を担い活躍されています。障害者の教育、就労・雇用、そして福祉との連携による障害者の社会参加への支援を長期にわたり進めている人物です。

　マルイキットセンターを立ち上げて間もなく職場視察に訪れ、大勢の知的障害者たちが生き生きと働いている様子に深く感動されました。そして、同行された大井清吉先生と共に私を東京学芸大学の中の養護学校の先生方で構成する「進路指導研究会」に招かれ講義をするよう要請がありました。

　講義の後、懇親会に招かれ、松矢先生から「常盤さん、あなたを今日からここのメンバーの一員に認めるので月例会に出席するように」と言われました。全く未知の分野でしたが、私の職場で働く障害者たちが、どのような生い立ちで、どんな教育を受けているのかを知る絶好のチャンスと捉え、喜んで毎月1回行われる「進路指導研究会」に参加させて頂くことになりました。

　10年間、教育現場の先生たちから苦労談や努力されていることな

どをたくさん聞くことができ、障害者教育の大変さを知ることができました。また、私からは企業の立場、特に雇用現場から学校教育にたくさん提言させて頂きました。おかげで、私の知的障害者理解に大きく役立ち、たくさんの養護学校のＰＴＡとの交流の輪が広がり、また、保護者たちの苦労も知ることができ、その後の職場運営に活かすことができました。

　松矢先生との出会いは、私の障害者への充実した対応力の源となりました。

・NPO法人障害者就業生活支援開発センター GreenWork21
（東京都新宿区中落合4-31-1号　目白大学NPO法人活動支援センター内）

● 障害者雇用の専門機関とつながる
　　企業間移行のきっかけをくれた土師修司さん

　土師さんとの出会いは、1993年にマルイキットセンターを視察された時です。業務内容と職場運営の考えを高く評価してくれました。そして、そのシステムを活用され「特例子会社(株)富士電機フロンティア」を開設されました。

　その後、「社会福祉法人電機神奈川福祉センター」を設立し、その理事長として「ＮＰＯ法人障害者雇用部会」を組織化し、神奈川県のたくさんの企業の障害者雇用の促進に尽力され、神奈川県の障害者雇用の原点を作り上げられました。

　私は、職場開発経験者として「障害者雇用部会」に招かれ、客員メンバーとして活動していました。

土師さんは、雇用部会開催の度に、隣席に私を招き、マルイキットセンターを高く評価し続けてくださいました。土師さんの感銘を受けたことばが、「定着だけではなく、転職も視野に入れることも我々の使命なのだ」。この一言が私の心に残っていて、「企業間移行」の実現につながったのです。

・NPO法人 障害者雇用部会（http://www.shougaisha-koyoubukai.or.jp）

● 障害者雇用専門誌のジャーナリストとつながる
現場の貴重な体験を伝えてくれた、小山博孝さん

　小山さんは「独立行政法人 高齢・障害・求職者雇用支援機構」発行の「働く広場」の広報担当専門委員として、40年以上、全国の障害者が働く現場を2000カ所以上も訪問し取材をされている人物です。

　1992年にマルイキットセンターを取材され、「働く広場」に業務システムや職場運営の考え方、職場の成り立ちなど、その全容を掲載して頂きました。そのおかげで、全国からたくさんの人が見学に訪れ、多くの企業の職場設立や就労支援に役立つことができました。

　小山さんほど、たくさんの現場を見て、そこで働く大勢の障害者たちと直接会って活動している姿を写真でリアルに伝えている方は他にはいないと思います。また、「働く広場」のライターの清原れい子さんは、リアルな現場の情報を文章で伝えてくれています。

　小山さんには、豊富で貴重な体験と知識を折に触れ伺い、私の障害者との歩みの中で、たくさんの力を貸してくださいました。

・働く広場（http://www.jeed.or.jp/disability/data/works/index.html）

● 障害者雇用の支援機関とつながる

　障害者雇用の専門家が揃う「障害者雇用企業支援協会」

　「一般社団法人 障害者雇用企業支援協会」は、企業に対する障害者雇用相談事業や障害者特例子会社の設立支援、そして障害者雇用相談企業のための関係機関への紹介、取り次ぎを行っています。この協会の事務局で相談室アドバイザーとして活躍されている方々も、企業で障害者雇用を実践されてきたこの道の専門家です。

・「一般社団法人障害者雇用企業支援協会(SACEC)」(http://www.sacec.jp/)

● 障害者の訓練機関とつながる

　働く意欲のある障害者とつながる「障害者委託訓練機関」

　厚生労働省が全国都道府県に指令した、就労を目指す障害者に職業訓練をする制度です。企業、民間教育機関、社会福祉法人、NPO法人等、様々な機関に訓練を委託して実施しています。見学や交流も実施しています。

・全国のハローワークで、「障害者委託訓練機関」への問い合わせができます。

　ぜひ、就労機関や障害者専門機関、現場の専門家、先輩企業とのつながりを大切にして、わからないことや困ったことなどで行き詰まった時には、相談されることをお勧めします。きっと良いアドバイスや支援の手を差し出してくれると思います。

あとがき

―――――― **本書を亡き娘に捧ぐ** ――――――

　私の娘、成子は、本書の出版を待たずして、平成26（2014）年8月に他界しました。わが家の宝物でした。また、娘の存在は障害者雇用に取り組むようになった原点とも言えます。

　成子は、生まれて間もなく髄膜炎にかかり、10年間自宅で看護、看病を続けていましたが、10歳の時、神奈川県の国立病院に入院することとなり、以来33年間の長きにわたり闘病生活をしていました。

　聴覚は問題がなかったのですが、右手が少し動く他は五体不満足の状態で重度の心身障害児・者として入院生活をしていました。そのため、長い年月に何人ものお医者さんと大勢の看護師さんたちや職員の方々に大変お世話になってきました。

　一時は、膀胱結石や膿胸などにかかり一進一退の重篤な状況に陥ることもありましたが、ここ7、8年は平穏な時を過ごしていました。しかし、平成26年7月急に容体が悪化し、主治医の先生や看護師さんたちの1カ月に及ぶ献身的な集中治療の努力もむなしく、先に旅立ってしまいました。

　成子が生まれて間もない1、2年は、夫婦2人して娘の障害やこの先の人生をどのように生きていけば良いのか受け入れられず、途方に暮れ嘆き合う日々が続きました。

当時、子どものことはほとんど妻に任せっぱなしだったため、妻には筆舌に尽くしがたい大変な苦労をかけ続けました。しかし、妻は愚痴ひとつ言わず、母親の立場を死守するがごとく、一生懸命娘の世話をしてくれました。

　私は、仕事に没頭して、会社の中で娘のことはほとんどオープンにしませんでしたが、健康保険組合の院長川嶋先生には、常に成子のことを深く気にかけて頂いていました。

　そして先生から、（株）丸井の青井忠治会長（当時）および青井忠雄社長（当時）に伝わり、大変心配してくだいました。私たちの両親も妻の妹たちそして親友からも、「成子ちゃんを大事にしようね。協力するからね」とやさしく応援して頂きました。そのように、成子に対するyさしい心の支援が広がりました。

　長男である成子の兄は、小学6年の時「僕は人の痛みをとる仕事をする」と心に誓い、歯科医師になりました。成子の妹も、「私もお兄ちゃんと一緒の仕事をしたい」と歯科医師になり、2人共その志を貫き頑張っております。さらに同じように影響を受けてか、成子の姪、甥4人が看護師、薬剤師、臨床工学技士など医療関係の道に進んでいます。

　そしてもうひとつ、成子の功績と考えていることがあります。それは、妻の子ども育成活動への原動力となったことです。成子が、10歳で自宅から遠い病院に入院した後、妻は地域で子ども会を設立し地域の子どもたちの育成に努力してきました。さらに、周辺広域の子ども会会長を約30年勤め、現在は八王子市全域の子ども会をまとめる「八王子市子供会育成団体連絡協議会」の会長をしています。

これらの活動の原動力は、日々会えない娘への思いがパワーにつながったのではないかと考えています。
　このような現実を振り返ると、成子は目が見えず、ことばを発しない病床の中からですが、私たちに生きる道標を示してくれた羅針盤のような存在であったように思われてなりません。
　私は、妻と共に病院に行く度に、娘の耳元で、感謝の気持ちを伝えてきました。そして、「お父さんは今、本を書いています。完成したら見てね」と約束をしていました。
　私が、障害者雇用や育成に邁進し続けられたことも、成子の存在が原点にあり、そのおかげであると感謝しています。

　この場をお借りして、私の障害者就労に関わるきっかけとなり、原点となった、丸井グループ、青井忠雄名誉会長に、このようなすばらしい仕事をさせて頂いたことに、心から感謝しお礼を申し上げます。
　また、ご指導とご協力とご支援頂いた方々、私と共に職場運営にご尽力くださった方々、そして、私にたくさんの課題と試練を与えてくれた私の師匠である障害者たちにも、心から感謝いたします。
　出版にあたっては、編集を担当したぶどう社の市毛さやかさんのおかげで、私が願った以上の本ができました。心からお礼を申し上げます。
　最後に、本書の出版が実現したのは、上村勇夫先生のお陰です。先生との出逢いなくしては、本書の原本とも言えるたくさんの資料や私の体験、経験談は泡と消える運命にあったと思います。

先生は、一般企業、特例子会社、東京ジョブコーチなどを経て、現在は、日本社会事業大学で講師として活躍されており、毎年200名を超える学生の実習コーディネートを主に担当され、超多忙な日々を過ごされています。ご多忙の中、構成と編集にご尽力くださいました先生に、心から感謝しお礼を申し上げます。

　娘との約束は守れませんでしたが、本書を手にしお読みくださった方の中に、何かひとつでも共感され、障害者雇用のため、障害者の指導育成のためにお役に立てて頂けるならこのうえない喜びです。その喜びは、きっと天国へ向って進んでいると思われる娘の元へ届くと思います。
　成子は、「お父さん、私が長い年月にわたり、お世話になってきたお医者さんや看護師さんたちや多くの人々への恩返しになればうれしいね」と語り返してくれると思います。

　　　　　成子ありがとう！　本書を成子に捧げます。

2017年11月 常盤 正臣

常盤 正臣　（ときわ まさおみ）

1938年　東京都八王子市生まれ
1955年　都立南多摩高等学校卒業
1957年　（株）丸井入社
1992年　（株）マルイキットセンター初代所長
1998年　（株）丸井定年退社
同年　　国立職業リハビリテーションセンター勤務
2004年　厚労省障害者委託訓練事業チーフコーディネーター
2007年　（株）ベネッセスタイルケア入社
2016年　同社退社
現　在　退社後も、多摩地域障害者雇用企業連絡会、さいたま障害者就業サポート研究会のメンバーとして活動し、多くの特例子会社の設立、支援にあたる。

連絡先：mt.13221@docomo.ne.jp

知的障害者雇用を成功させる
８つのポイント
ウイークポイントを配慮した職場立ち上げから定着管理まで

著　者　　常盤　正臣

初版発行　　2017年12月20日

発行所　　ぶどう社
編集担当／市毛さやか
〒101-0052　東京都千代田区神田小川町3-5-4 お茶の水 S.C. 905
TEL 03（5283）7544　FAX 03（3295）5211
ホームページ　http://www.budousha.co.jp

印刷・製本／モリモト印刷　用紙／中庄